Szene
Stadtführer

AMSTERDAM mit Plan

Mit den coolsten sights
und den heißesten
tips zum geldsparen
und fun haben

D1676697

Zu diese
gehört der große
Stadtplan im Wert von 9,90, der
diesem Szenestadtführer beiliegt.
Den Szeneführer ohne Plan gibt's für
12,90, beides zusammen für 16,80.
Titel dieser Szene-Reihe:
AMSTERDAM, COSTA BRAVA/BARCELONA,
BERLIN, DRESDEN, LONDON,
MALLORCA, NEW YORK, PARIS,
PRAG, WIEN, ZÜRICH

Willkommen in Amsterdam

Impressum

Dies ist eine Originalausgabe des
UNTERWEGSVERLAGS Manfred Klemann,
Postfach 426, D-78204 Singen (Hohentwiel)
Telefon (0 77 31) 6 35 44, Telefax (0 77 31) 6 24 01
eMail: uv@unterwegs.com

Texte: Monika Knobloch
Herstellung/Layout: Christine Raff
Umschlag: Ernst & Partner, Düsseldorf
Fotos: Niederländisches Büro für Tourismus (NBT),
Unterwegsverlag

Bestellfax: (0 77 31) 6 24 01

Die deutsche Bibliothek - CIP-Einheitsaufnahme

Knobloch, Monika:
Szene-Stadtführer Amsterdam: mit den coolsten Sights und den
heißesten Tips zum Geldsparen und Fun haben. Texte: Monika
Knobloch. Singen (Hohentwiel): Unterwegs-Verlag, 1998.
Beil. u.d.T.: Szene-Stadtplan Amsterdam
ISBN 3-86112-080-1

(Javaanse Jongens)

Inhalt

Inhalt

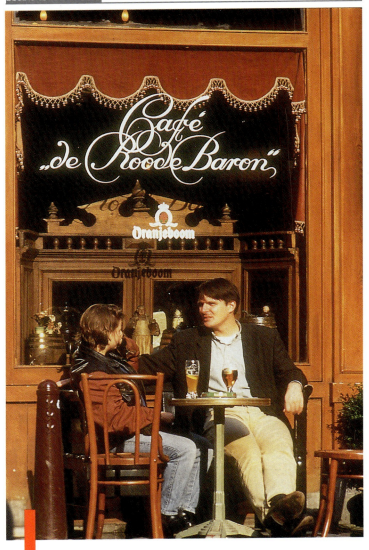

Auf der Terrasse bei De Roode Baron

Willkommen in Amsterdam
Die Stadt ist ein offenes Buch, der Spaziergänger sein Leser.

Cees Nooteboom über Amsterdam

Amsterdam ist eine faszinierende Stadt und steht an siebter Stelle der Beliebtheitsskala aller Weltstädte. Sie hat einerseits den kosmopolitischen Charme einer Großstadt, verströmt aber andererseits durch die vielen schmalen Gassen auch einen dörflichen Charakter. Es ist eine Stadt mit ganz persönlicher Atmosphäre und vielen Gesichtern.

Die Amsterdamer sind für ihre Laissez-faire-Mentalität und Toleranz bekannt. Wichtig sind ihnen die freien Entfaltungsmöglichkeiten, das Ausleben eigener Ideen, sich nicht in andere Angelegenheiten mischen, sich offen gegenüber anderen verhalten und den anderen respektieren. Sie haben ein ausgeprägtes Gemeinschaftsgefühl und sind äußerst "gezellig". Es ist sehr leicht, Kontakte zu knüpfen. Sprachliche Barrieren gibt es keine, denn die Amsterdamer sind sehr sprachbegabt. Englisch können alle, und zum Teil sprechen sie auch deutsch.

In Amsterdam kommt man sehr gut ohne öffentliche Verkehrsmittel zurecht, denn die Stadt ist leicht per pedes (oder Fahrrad) zu erkunden. Dabei gibt es vieles zu entdecken: unzählige Grachten, herrliche Patrizierhäuser, sanierte Wohnhäuser mit schönen Giebeln, liebevoll gestaltete Hausboote, restaurierte und umgebaute Lagerhallen, unzählige Märkte, weltberühmte Museen, und das Shopping bietet, aufgrund der vielen Einwanderer, eine große Palette von ausländischen Waren. Die unzähligen internationalen Restaurants, insbesondere die indonesischen, garantieren kulinarische Exkursionen - zu erschwinglichen Preisen. Internationale und hochklassige Live-Bands stehen auf den Bühnen, und die vielen Straßenkünstler spielen unter freiem Himmel. Man kann von einem Café in die nächste Bar stolpern, das Nachtleben pulsiert bis in die Morgenstunden, und die "Coffeeshops", in denen man sich in aller Ruhe einen Joint drehen kann, sind das Ziel vieler Traveller.

Dieses Buch gibt Tips, welche Kneipen und Diskos "in" sind und wo die Post abgeht. Natürlich sind dies nur einige Vorschläge, die als Leitfaden dienen sollen. Denn eigentlich gibt es noch viel mehr zu entdecken...

Viel Spaß dabei.

Das Wichtigste zuerst

Botschaften

Die Botschaften befinden sich in Den Haag, aber in Amsterdam sind die Länder mit Generalkonsulaten vertreten:

BRD
De Lairessestraat 172, 1075 HM Amsterdam, Tel. 673 6245

Österreich
Weteringschans 106, 1017 XS Amsterdam, Tel. 626 8033

Schweiz
J. Vermeerstraat 16, 1071 DR Amsterdam, Tel. 664 4231

Fremdenverkehrsämter

Die staatliche Organisation der Touristenbüros nennt sich VVV (Vereniging voor Vreemdelingenverkeer). Die Angestellten sprechen mehrere Sprachen, sind sehr bemüht und hilfsbereit. Hier kann man sich mit Bergen von Prospekten und Broschüren eindecken, Zimmer reservieren oder Rundfahrten organisieren lassen. Die Zimmervermittlung kostet f 5 und das Buchen von Theatertickets f 2,50.

Wer sich im voraus informieren möchte, kann dies beim VVV Amsterdam, Postbus 3901, 1001 AS Amsterdam, Tel. 0031/6/340340 66.

Filialen:
VVV, Stationsplein 10 (gegenüber vom Hauptbahnhof), Mo - Sa von 9 - 17 Uhr geöffnet. Großer Andrang - etwas Geduld mitbringen.
VVV, im Centraal Station, hat Mo - Sa von 8.00 - 19.30 und So von 9.00 - 16.30 Uhr geöffnet.
VVV, Leidseplein 1, hat Mo - Sa 8.30 - 20.00 und So bis 17.00 Uhr geöffnet.
VVV, Stadioplein, Mo - Sa von 9 - 17 Uhr, So bis 12 Uhr.
VVV, Schiphol Plaza, am Flughafen ist täglich von 7 - 22 Uhr für Touristen geöffnet.

Im AUB (Amsterdams Uit Buro), Tel. 621 1211, an der Ecke Leidseplein/Marnixstraat, können Karten für Veranstaltungen reserviert werden. Außerdem kann man sich mit Flugblättern und Infomaterial

Wissenswertes

Typisch für Amsterdam:
Wasser und Brücken

zu den aktuellen Events eindecken. Mo - Sa 10 - 18 Uhr. Für tele-
fonische Reservierungen muß die Kreditkartennummer angegeben
werden (f 5 Gebühr).

Infos im Internet: www.timeout.nl oder www.amsterdam.nl

Niederländisches Büro für Tourismus
in Deutschland: Postfach 27 05 80, 50511 Köln, Tel. 0221/257 03
83, Fax 0221/257 0381
in Österreich: Kupferschmiedgasse 2, 1010 Wien, Tel. 01/512 35 25
in der Schweiz: Rautistraße 12, 8047 Zürich, Tel. 01/405 22 22,
Fax 405 2220

Tips, Adressen, Infos

Einreise
Besucher aus der Europäischen Union benötigen für einen 3mona-
tigen Aufenthalt einen gültigen Personalausweis.

Fundbüro
Bahn: NS Lost Property Information, Stationsplein 15,
Tel. 557 8544. Nach vier Tagen werden die Sachen nach Utrecht,
Tel. 030/235 3923, gebracht.
Fundbüro Polizei: Stephensonstraat 18, Tel. 559 3005
Straßen-, U-, S-Bahn, Busse: Prins Hendrikkade 108 - 114,
Tel. 551 4911
Flughafen Schiphol: Tel. 601 2325

Notfälle – Notruf
- Notrufnummer für Polizei, Feuer, Unfall: 112
- Polizei: 622 2222, Unfall 5 555 555
- der ärztliche Notdienst ist rund um die Uhr in Bereitschaft und
  unter Tel. 06/350 32 042 zu erreichen.
- Krankenhäuser mit Notaufnahme: Academisch Medisch Centrum,
  Meibergdreef 9, Tel. 566 9111; Lucas Ziekenhuis,
  Jan Tooropstraat 164, Tel. 510 8911; Slotervaartziekenhuis,
  Louwesweg 6, Tel. 512 9333.
- Apotheken: unter Tel. 694 8709 werden die Notdienst-Apotheken
  angesagt.

Geld - Geldwechsel

Die Währungseinheit ist der niederländische Gulden. Die Abkürzung „f", „fl" oder „hfl" steht für die frühere Bezeichnung "florin". Er wird in 100 Cents unterteilt: 5 ct (stuiver), 10 ct (dubbeltje), 25 ct (kwartje), 1f (gulden), f 2,50 (rijksdaalder) und f 5- Münzen. Münzen zu 1c oder 2c gibt es nicht mehr, deshalb wird der Betrag auf- oder abgerundet. Der niedrigste Geldschein hat einen Wert von 10 Gulden und der höchste 1000 Gulden. Der Versuch, mit einem 250 Gulden-Schein in einer Kneipe zu bezahlen, endet in einem mittleren Chaos.

Der Wechselkurs ist ziemlich stabil: 1 DM = f 1,10; 1sFr = f 1,37; 10öS = f 1,60

Es ist ratsam, nicht allzuviel Bargeld mitzuschleppen, sondern sich mit Reiseschecks oder Kreditkarten kleine Mengen Geld zu beschaffen. Kreditkarten sind gängiges Zahlungsmittel. An Kartenautomaten kann man sich rund um die Uhr Geld besorgen, aber: Geheimcode nicht vergessen.

Viele Wechselstuben haben einen schlechten Wechselkurs mit hohen Bearbeitungsgebühren. Die GWKs am Bahnhof und Flughafen sind die "Offiziellen Wechselstuben", die einen regulären Wechselkurs haben und die rund um die Uhr geöffnet sind.

Geschäftszeiten

Die Banken haben von 9 bis 16 oder 17 Uhr geöffnet.
Es gibt kein Ladenschlußgesetz und die Geschäfte haben keine einheitlichen Öffnungszeiten. Im Zentrum haben die Läden meistens von 9 bis 18 Uhr geöffnet. Am Montagmorgen bleiben viele Läden geschlossen, dafür kann donnerstags bis 21 Uhr eingekauft werden. Auch sonntags haben die Geschäfte in den großen Einkaufsstraßen der Innenstadt von 12 - 17 Uhr geöffnet.
Viele staatliche Museen haben montags geschlossen.
Am Koninginnedag (30. April) sind alle Geschäfte, Banken und Museen geschlossen.

Post

Das Hauptpostamt befindet sich in der Singel 250-256, Mo - Fr 9.00 - 18.00, Do bis 20.00 und Sa 10.00 - 13.30 Uhr. Postlagernde Sendungen werden an "Poste Restante, Hoofdpostkantoor PTT, Singel 250, 1012 SJ Amsterdam" geschickt.

Wissenswertes

Stadtmagazine

Wer schnell in die aktuelle Szene eintauchen möchte, kauft sich am besten eines der Stadtmagazine
mit den neuesten Infos.

Sehr gut und informativ ist der monatlich erschei-
nende und kostenlos erhältliche De Uitkrant. Er
wird zwar in niederländisch veröffentlicht, aber
die Veranstaltungen sind übersichtlich dargestellt, so daß es keine Verständigungsprobleme
gibt. Das englischsprachige What's On wird alle
zwei Wochen veröffentlicht und kostet f 3,50. Das
Heft informiert über Veranstaltungen und gibt
viele praktische Tips.

Für f 5 kann man sich das Time Out zulegen, das
ebenfalls in englisch herausgegeben wird und viele
grundlegenden Infos zu den Veranstaltungen gibt.
Arena ist ebenfalls ein gutes englisches
Monatsmagazin, das kostenlos erhältlich ist und
über Aufführungen informiert und viele weitere
nützliche Tips enthält.

Auf die Bedürfnisse von Jugendlichen ist das Use
it zugeschnitten. Es ist in Jugendhotels und im
Touristenbüro erhältlich.

Telefonieren

Öffentliche Telefonzellen gibt es in Amsterdam
reichlich. Zum Telefonieren benötigt man 25 c-, f
1- oder f 2,50-Münzen. Wenn ihr öfters telefonieren wollt, besorgt euch am besten in den
Postämtern oder bei den Kiosken eine Telefonkar-
te, die es von f 5 bis f 25 gibt.
Die Vorwahl in die BRD: 0049, in die CH: 0041 und
nach A: 0043. Bei der nun folgenden Ortsvorwahl
wird die 0 weggelassen.

Trinkgeld

In den Restaurants ist das Trinkgeld im Preis
inbegriffen. Wenn man mit dem Service und dem
Essen zufrieden war, ist es üblich, etwas
Trinkgeld auf dem Tisch liegen zu lassen.
Die Toilettenfrauen bekommen für das Instandhalten
der Toiletten 25c oder 50c.

Pakhuis de Paerl

Waschsalons

"The Clean Brothers", Kerkstraat 56, täglich 7 - 21 Uhr, Filialen in der Westerstraat 26 und Jacob van Lennepkade 179. Weitere Waschsalons gibt es in der Elandsgracht 59, Warmoesstraat 30 und Herenstraat 24.

Und sonst noch...

Orientierung

Die Stadt ist leicht zu Fuß zu erkunden, und wenn man sich mit dem Stadtplan etwas vertraut gemacht hat, ist die Orientierung kein Problem.
Gracht = Kanal, Straat = Straße, Plein = Platz. Kleine Nebenstraßen werden oft mit "dwars" beschrieben, Palmstraat heißt dann Palmdwarsstraat.
Einige Straßen haben die gleichen Namen und zur Differenzierung wird ein "1e" oder "2e" davor plaziert.

Sprache

Niederländisch ist der deutschen Sprache sehr ähnlich. Schon nach ein paar Tagen Aufenthalt erkennt man beim Lesen einer Zeitung die groben Zusammenhänge. Die Amsterdamer sind sehr sprachbegabt und fast alle sprechen Englisch und einige auch Deutsch. Aber es kommt bei den Einheimischen natürlich immer gut an, wenn man einige Brocken in der Landessprache kann.
Guten Tag - goedendag, auf Wiedersehen - tot ziens, gute Nacht - goedenacht, eins - één, zwei - twee, drei - drie, kann ich bezahlen? - mag ik betalen?, haben Sie? - heeft u?, was kostet? - wat kost?, ja - ja, nein - nee, sprechen Sie Deutsch? - spreekt u duits?, ich verstehe Sie nicht - ik begrijp u niet, guten Appetit! - eet smakelijk!, es tut mir leid - sorry, wo ist die Toilette? - waar is de WC?

Reisezeit

Die schönste Reisezeit ist sicherlich der Frühsommer, wenn die Straßencafés öffnen und die ersten Straßenkünstler ihre Darbietungen zeigen. Die wärmsten Monate sind Juli und August, die Temperaturen liegen dann um 25 °C. Im Hochsommer quillt die Stadt von Touristen über, und man hat gute Chancen, den Nachbarn von zu Hause zu treffen. Viele Amsterdamer flüchten in dieser

Zeit aus der Stadt, und die meisten Theater haben Sommerpause. Auch der Herbst hat seine (touristischen) Reize. Dann wird es wieder etwas ruhiger in der Stadt, und sie erstrahlt in den sanften Herbsttönen, wie die alten holländischen Maler sie sahen.

Im Winter sind die Amsterdamer unter sich, es sind kaum Touristen da und vor den Museen gibt es keine Menschenschlangen. Die Temperaturen fallen selten unter den Gefrierpunkt, aber der Wind bläst einem ordentlich um die Nase. Alle 10 bis 15 Jahre frieren die Grachten zu. Dann werden die Schlittschuhe ausgepackt und Eislaufwettbewerbe ausgetragen.

Am 30. April, dem "Koninginnedag", platzt die Stadt aus allen Nähten.

Ankommen

Mit dem Flugzeug

Am schnellsten erreicht man Amsterdam mit dem Flugzeug. Flieg- und Spartarife oder Super-Flieg- und Super-Spar-Tarife sind auch für Budgetreisende erschwinglich. Es lohnt sich, rechtzeitig in den Reisebüros die Preise zu vergleichen.

Eurowings fliegt 5 x täglich von Hannover, 4 x täglich von Köln/Bonn, 5 x täglich von Nürnberg, 4 x täglich von Paderborn und 6 x täglich von Stuttgart.

Der Internationale Flughafen Schiphol liegt 15 km außerhalb Amsterdams. In der Wechselstube kann rund um die Uhr Geld gewechselt werden. Das Gepäck kann man für f 8 pro Tag aufgeben. Schließfächer kosten ebenfalls f 8 am Tag.

Allgemeine Flughafeninformationen sind unter Tel. 601 9111 erhältlich.

Der "KLM Hotel Bus Service" steht nicht nur Fluggästen der KLM-Gesellschaft zur Verfügung, sondern kann von jedermann benutzt werden, und man ist auch nicht verpflichtet, in einem der Nobelhotels zu übernachten. Von 6.30 bis 15.00 Uhr fahren die Busse im Halbstundentakt und von 15.00 bis 20.00 Uhr fahren sie stündlich. Ein Ticket kostet f 17,50. Haltepunkte sind: Leidseplein, Westermarkt, Dam, Nieuwezijds Voorburgwal und Prins Hendrikkade.

Stadtplan

Amsterdam

Eine Fahrt mit dem Taxi ist indiskutabel, denn für die Strecke in die Stadt knöpfen euch die Taxifahrer mindestens f 50 ab.
Züge fahren von 5 bis 24 Uhr im 15minütigen Takt direkt ins Zentrum. Eine Fahrt kostet f 6, und nach 20 Minuten Fahrzeit erreicht man den Amsterdam Centraal Station, den zentral gelegenen Hauptbahnhof.

Mit dem Auto

Die vielen Einbahnstraßen, rasenden Radfahrer und schmalen Straßen, die von den Lieferwägen zum Entladen blockiert werden, fordern vom Autofahrer ein gutes Nervenkostüm.
Parkplätze sind äußerst rar und sehr teuer. Und Falschparken lohnt sich auf keinen Fall. Eine "Parkkralle" verhindert das schnelle Verschwinden des Parksünders, und um diese wieder loszuwerden, muß man tief in die Tasche greifen.
Ausländische Nummernschilder sind für Diebesbanden besonders attraktiv. Keine Wertgegenstände im Auto lassen. Wer dennoch mit dem eigenen Gefährt anreisen möchte, sollte es auf den P & R-Parkplätzen am Stadtrand abstellen und mit öffentlichen Verkehrsmitteln ins Zentrum fahren.

Mit dem Zug

Alle Züge enden am Centraal Station. Hier befindet sich ein Touristenbüro (Öffnungszeiten: Mo - Sa 8.00 - 19.30 Uhr, So 9.00 - 16.30 Uhr), eine offizielle Wechselstube, die rund um die Uhr geöffnet hat, ein Geldautomat, Schließfächer (f 6 für 24 Std.), Cafés, ein Fahrradverleih und weitere bahnhofstypische Einrichtungen. Natürlich lungern hier, wie auf anderen Großstadt-Bahnhöfen auch, düstere Gestalten herum, die gern ein Portemonnaie ergattern, wenn sich ihnen die Gelegenheit (= Unachtsamkeit des ursprünglichen Besitzers) bietet. Und: Vorsicht vor Hotelschleppern!
Vom Bahnhof aus starten die Busse und Straßenbahnen in alle Richtungen.
Die Mitfahrzentrale am Nieuwezijds Voorburgwal 256, Tel. 622 43 42, vermittelt internationale Mitfahrgelegenheiten. Wochentags von 10 bis 19 Uhr und Sa 10 bis 15 Uhr geöffnet. Eine Mitfahrgelegenheit nach München kostet ungefähr f 55 plus f 10 Gebühr und f 20 Kommission.

Mit dem Bus

Ein heißer Spartip ist das Unternehmen **Touring**, das zur Deutschen Bahn Gruppe gehört (siehe Anzeige auf Seite 143). Hier gibt's die Fahrt nach Amsterdam inklusive zwei Übernachtungen mit Frühstück schon ab 269,- DM. Zudem bietet das Programm interessante Angebote für Gruppen und Unterstützung bei Ausflügen vor Ort. Infos unter Tel. (0180) 5 25 02 54.

Rumkommen

Straßenbahn und Busse

Bei den Städtischen Verkehrsbetrieben, den GVB (vor dem Bahnhof), sind die detaillierten Routen sämtlicher Straßenbahnlinien und Busse erhältlich. Für alle öffentlichen Verkehrsmittel können die gleichen Fahrscheine benutzt werden. Diese sind am Bahnhof und an Automaten erhältlich. Die Tickets, die im Bus beim Fahrer und in der Straßenbahn hinten beim Kontrolleur gekauft werden, sind teurer. Die ersten Straßenbahnen fahren unter der Woche morgens ab 6.00 bis 0.15 Uhr, sonntags ab 7.30 bis 0.15 Uhr. Dann wird der Heimtransport von stündlich pendelnden Bussen übernommen.

Tip: Kauft euch am besten für f 11,25 eine Strippenkaart, eine Streifenkarte mit 15 Streifen, die in allen öffentlichen Verkehrsmitteln der Niederlande benutzt werden kann. Amsterdam ist in elf verschiedene Zonen aufgeteilt. Das Zentrum ist eine Zone und dafür werden zwei Streifen benötigt. Diese werden umgeknickt und von Kontrolleuren entwertet oder am Automaten abgestempelt (hinten einsteigen). Es können beliebig viele Personen die Karte benutzen. Sie gilt nur eine Stunde!

Für Vielfahrer lohnt sich auch eine Tageskarte für f 12 oder eine Zweitageskarte für f 16, die rund um die Uhr in allen Zonen benutzt werden können.

Der Circle Tram fährt alle 10 Minuten vom Bahnhof in einem weiten Bogen zu den Sehenswürdigkeiten der Stadt. Eine Tageskarte kostet f 10, eine Zweitageskarte f 15.

Die U-Bahn

Für Traveller eignet sich die U-Bahn nicht besonders, da es nur drei Linien gibt, die sich alle auf den östlichen Teil der Stadt konzentrieren und vorwiegend von Pendlern benutzt werden.

Wissenswertes

Sicherheit

Wie jede Großstadt gibt es auch hier Kleinkriminalität: Junkies und anderweitig motivierte Langfinger, die in Touristen-Hochburgen aktiv werden. Deshalb: so wenig wie möglich zum Sightseeing mitnehmen, keine Brieftaschen in die Hosentaschen stecken und nachts einsame Gegenden meiden.

Taxi

Das Taxifahren ist ein äußerst teurer Spaß. f 5,80 Grundgebühr plus f 2,80 pro Kilometer. Nach 24 bis 6 Uhr f 3,25 pro Kilometer. Wer dringend eines benötigt, wählt die Nummer 677 77 77.

Auto (-vermietung)

Wenn ihr es wirklich nicht lassen könnt: Avis, Nassaukade 380, Tel. 683 6061; Hertz, Overtoom 333, Tel. 612 2441.

Fahrrad

Amsterdam ist eine Fahrradstadt. Fast alle Straßen haben eine separate Fahrradspur (fietspaden), und viele Einbahnstraßen dürfen von Radlern in beiden Richtungen befahren werden. Bankangestellte in Anzug und Krawatte, Freaks in Jesussandalen oder Mütter mit Kleinkindern sind mit ihren Rädern unterwegs. Es gibt ungefähr 500 000 Fahrräder in Amsterdam, und jährlich wechseln an die 200 000 Räder unfreiwillig ihre Besitzer. Deshalb: die Schlösser für das Vorder- und Hinterrad können nicht dick genug sein. Wer das eigene Fahrrad mitbringen möchte, kann es bei der Bahn einige Tage vor der Abreise aufgeben. Aber: in Amsterdam gibt es keine Berge und aufgemotzte Mountain-Bikes sind etwas fehl am Platze.
Für das Leihen eines Fahrrades benötigt man einen Personalausweis und eine Kreditkarte/oder genügend Cash, damit das Deposit bezahlen werden kann. Fahrradverleiher:
● **Bike City, Bloemgracht 68 - 70, Tel. und Fax 626 3721. f 10/50 Tag/Woche, f 50 Kaution.**
● **Damstraat Rent-a-Bike, Pieter Jacobsdwarsstraat 7 - 11, Tel. 625 5029. f 10/50 Tag/Woche, f 50 Kaution.**
● **MacBike, Houtkopersburgwal 16, Tel. 620 0985, oder Marnixstraat 220, Tel. 626 6964. Pro Tag f 10/Woche f 55. Kaution f 50.**

Mobil in der Stadt mit Straßenbahn, Taxi ...

... oder vor allem mit dem Fahrrad

● **Take-A-Bike, Stationsplein 12, (am Bahnhof) Tel. 624 8391, oder Stationsplein 33, Tel. 625 3845. Pro Tag f 12,50, Pfand f 200.**

Per pedes (zu Fuß)

Für Fußlahme ist Amsterdam nicht die richtige Stadt, denn sie ist für Fußgänger wie geschaffen. Packt bequeme Schuhe ein, dann können sämtliche Sehenswürdigkeiten zu Fuß erkundet werden. Stundenlang kann man an den Grachten oder in den kleinen Gassen bummeln und viele Dinge entdecken. Der "ANWB" ist eine ADAC-ähnliche Organisation, der auf Stadtplänen sechs verschiedene Routen ausgearbeitet hat, denen man folgen kann. Die Pläne sind beim VVV erhältlich.

Auf dem Wasser

Nicht umsonst wird Amsterdam auch "Venedig des Nordens" genannt, wobei die Einheimischen diesen Vergleich nicht gerne hören. Früher wurden auf den Grachten Waren und Güter transportiert - heute Touristen.

Der Canalbus fährt auf einer festgelegten Route, wobei jederzeit ein- bzw. ausgestiegen werden kann. Start ist alle 20 Minuten bei der Singelgracht. Er hält am Leidseplein, Keizersgracht, Prinsengracht, Centraal Station und Waterlooplein. Die Fahrt dauert ungefähr eine Stunde, mit einem Tagesticket (f 19,50) kann man beliebig oft ein- und aussteigen. Inklusive dem Eintritt ins Rijksmuseum kostet das Ticket f 27,50.

Das Museumsboot ist für Museumfans das ideale Transportmittel. Es fährt alle 30 Minuten (im Winter alle 45 Minuten) und hält in der Nähe von den acht wichtigsten Museen. Ein Tagesticket kostet f 22,50. Nach 13 Uhr kostet es nur noch f 15, und wenn man an der nächsten Haltestelle wieder aussteigen möchte, kostet eine Fahrt f 7,50.

Die Canalbikes sind Tretboote, in denen bis zu vier Personen Platz haben. Man kann sie an der Singel-, Prinsen- und Keizersgracht mieten. Eine Stunde kostet für die ersten beiden Personen je f 12,50. Die dritte und vierte Person kostet dann nur noch f 8. Wer höhere Geschwindigkeiten bevorzugt, kann bei "Roell Watersport", Mauritskade (hinter dem Amstel Hotel), ein kleines Motorboot mieten und eine Stunde für f 80 auf dem Wasser herumflitzen.

Nicht ganz billig sind die Wassertaxis. Acht Personen bezahlen f 90 für eine halbe Stunde - das Ziel bestimmen die Teilnehmer.
Die Überfahrt mit der kleinen Fähre, die hinter dem Bahnhof ablegt (Steg 7), dauert nur einige Minuten, ist dafür auch kostenlos.

Rundblick

Amsterdams Herz ist das Alte Zentrum - hier pulsiert das Leben. Die Hauptstraßen, Damrak und Rokin, teilen das Zentrum in die „Neue Seite", Nieuwe Zijd, und die „Alte Seite", Oude Zijd, die östlich des Damraks liegt. Der Damrak, der wie ein kleiner Teich daliegt, ist der klägliche Rest des ehemaligen Hafens. Die belebten Einkaufsstraßen und unzähligen Bars, Cafés, Restaurants sowie das Rotlichtviertel machen die mittelalterliche Innenstadt zu einem attraktiven Anziehungspunkt.
Der Grachtengordel, Grachtengürtel, ist im 17. Jh. zur Stadterweiterung angelegt worden. An der Heren-, Keizers- und Prinsengracht liegen beeindruckende Patrizierhäuser mit wunderschönen Fassaden. Auch laden viele kleine Cafés zu einer Pause ein.
Hinter dem Grachtengürtel liegt eines der bekanntesten und beliebtesten Viertel, der Jordaan. Zu Beginn des 17. Jhs. lebten hier die Arbeiter, die die Grachtengürtel anlegten. Später kamen immer mehr Einwanderer hinzu, und Zigtausende von Menschen hausten in beengten und unter völlig unhygienischen Verhältnissen, ohne Abwasserkanalisation. Nach dem 2. Weltkrieg wurde das Viertel grundlegend saniert und renoviert. Bezeichnend für das Viertel sind die vielen hofjes, Innenhöfe. In den kleinen Straßen und Gassen findet man unzählige Cafés, Bars, Restaurants und originelle Läden. Auf der anderen Stadtseite liegt das ehemalige jüdische Viertel Jodenbuurt. Im Zuge des Baus der Stopera und der Metro sind viele alte Häuser abgerissen worden. Es ist das Viertel, das sich seit dem 2. Weltkrieg am meisten verändert hat.
Im südlichen Stadtteil befindet sich der Museumplein mit den bedeutendsten Museen der Stadt und der Vondelpark. Die weiter außerhalb liegenden Bereiche haben außer architektonisch interessanten Häusern und einigen Märkten keine spektakulären Sehenswürdigkeiten zu bieten.
Zu den Westerlijk Eilands gehören drei künstlich angelegte Inseln: Prinsen-, Reilen- und Bickerseiland, die bereits 1630 aufgeschüttet wurden. Die ehemaligen Lagerhallen sind inzwischen zu Wohnungen oder Künstlerateliers umgebaut worden.

Wissenswertes

Wissenswertes

Nächtliche Festbeleuchtung

Sehenswürdigkeiten

Das historische Zentrum

Die Altstadt wird durch den Damrak in die östlich liegende Seite "Oude Zijde", dessen erste Häuser im 13. Jh. gebaut wurden, und eine neue Seite, "Nieuwe Zijde", geteilt. Früher war der Dam für die Schiffahrt die wichtigste Wasserstraße. Inzwischen ist er zugeschüttet worden und nur ein kleiner Teil gegenüber dem Bahnhof ist noch übriggeblieben.
Der Schutzwall, der die Stadt früher umgab, ist verschwunden, aber die beiden Kanäle Oudezijds Voorburgwal (vor der Mauer) und Oudezijds Achterburgwal (hinter der Mauer) deuten auf den damaligen Verlauf hin.

Nieuwe Zijde

Fast alle Besucher kommen auf dem Bahnhof, dem Centraal Station, an. Das klassizistische Gebäude ist von P. J. H. Cuypers, der auch das Rijksmuseum baute, 1882 entworfen worden. Die 8650 Holzpfeiler stehen auf drei künstlich angelegten Inseln. Nach siebenjähriger Bauzeit konnte der Bahnhof 1889 eröffnet werden und gilt seitdem als das Tor zur Stadt. Der geplante Bau löste damals heftige Diskussionen um den Standort aus, und auch heute noch ist das komplexe Gebäude vielen Bürgern ein Dorn im Auge. Es versperrt die Sicht auf das IJ und schneidet die Zufahrt zum Hafen ab. Am Hinterausgang des Bahnhofes sind die Ablegestellen der kostenlosen Fähren nach Amsterdam Noord. Vor dem Bahnhof treffen sich die Straßenkünstler auf dem Stationsplein. Gegenüber kann man sich beim VVV mit den notwendigen Unterlagen und Prospekten eindecken.

Hier sticht gleich die St. Nicolaaskerk ins Auge, die 1887 fertiggestellt und nach Sint Nicolaas, dem Schutzpatron der Seefahrer, benannt wurde.
Der Schreierstoren, "Turm der Weinenden", in der Prins Hendrikkade 94-95, wurde 1480 erbaut und gehörte zur Stadtbefestigung. Hier

winkten die weinenden Frauen ihren Männern ein letztes Mal zu, wenn sie in See stachen. In dem alten Grachtenhaus des Oudezijds Voorburgwal 40 befindet sich das Museum Amstelkring. Nachdem Amsterdam 1578 von den Protestanten übernommen wurde, durften offiziell keine Gottesdienste anderer Religionen abgehalten werden. Unter dem Dach wurde hier heimlich gebetet. Das Haus mit der Originaleinrichtung kann besichtigt werden.

Der Dam ist Ende des 13. Jhs. angelegt worden und war die wichtigste Wasserstraße, auf dem die Handelsschiffe ihre Waren be- und entluden. Der Damm, der über die Amstel führte, gab der Stadt bereits im 13. Jh. den Namen: "Amsteldam". Inzwischen ist ein großer Teil zugeschüttet worden und es besteht keine Verbindung mehr zum Meer. Über die Jahrhunderte hinweg war der Dam immer wieder Schauplatz von Kundgebungen und Demonstrationen. Er ist eine Flaniermeile mit Souvenirshops, Restaurants und lauten Hotels.

Das avantgardistische Gebäude mit der Ziegelsteinfassade erregte aufgrund der architektonischen Neuheiten viel Aufsehen. Die Beurs van Berlage entstand nach den "revolutionären" Plänen von H. P. Berlage und leitete mit den einfachen und klaren Linien eine extreme Neuerung der Baustile des 19. Jhs. ein. 1903 wurde sie fertiggestellt, und unter dem Stahl-Glas-Dach begann der Handel mit Tabak, Kaffee und Zucker. In den 70er Jahren konnte sie vor dem Abriß gerettet werden, und nach einer gründlichen Sanierung dient das Gebäude heute als Ausstellungs- und Konzerthalle des niederländischen Philharmonie-Orchesters.

Der phallische Obelisk am Dam ist das Nationaal Monument. Seit 1956 bewachen zwei Steinlöwen (Wappentier) das Mahnmal, das den Opfern des 2. Weltkrieges gewidmet ist.

Nicht zu übersehen ist das frühere Rathaus, der Koninklijk Paleis. Um den Reichtum und die Macht der Stadt zu demonstrieren, wurde 1648 der damalige Stararchitekt Jacob van Campen beauftragt, das größte Rathaus Europas zu bauen. 13 659 Pfähle wurden in den sandigen Untergrund gerammt. Jeder Amster-

damer merkt sich die Anzahl der Pfähle anhand einer Eselsbrücke: vor den 365 Tagen im
Jahr steht eine 1 und hinten eine 9. Der
Haupteingang wurde recht klein gehalten,
damit das Rathaus gut verteidigt werden
konnte. Im Keller befand sich das Gefängnis
und das Waffenlager. Als Napoleon 1808 in
die Niederlande einmarschierte, setzte er
kurzerhand seinen Bruder auf den Thron und
dieser quartierte sich hier ein. Heute ist
das Gebäude der Palast von Königin Beatrix,
die aber die meiste Zeit in Den Haag resi-
diert. Einzelne Räume, vor allem der beeindruckende Bürgersaal, können von Juni bis
August zwischen 12.30 und 17.00 Uhr besichtigt werden. Eintritt f 5.
Gleich nebenan steht die zweite katholische
Kirche Amsterdams, die Nieuwe Kerk, die Ende
des 14. Jhs. gebaut wurde. Sie ist mehrmals
niedergebrannt, wurde aber immer wieder aufgebaut. Sehenswert ist die vergoldete Orgel
aus dem Jahre 1645 und das Grab von Admiral
Michiel de Ruijter, der 1676 im Kampf gegen
die Franzosen umkam. Die Kanzel ist mit auf-
wendigen Ornamenten verziert, an den
Schnitzereien wurde 15 Jahre lang gearbei-
tet. Gottesdienste finden keine mehr statt,
dafür aber Orgelkonzerte und wechselnde Ausstellungen, z.B. die World-Press-Foto-Aus-
stellung. Tägl. 10 – 17 Uhr, Eintritt f 3.
Die Fortsetzung des Damrak bildet der Rokin;
beide sind die Hauptverkehrsadern der Stadt.
Viele Gebäude stammen aus dem 19. Jh. Hier
befinden sich Büros und Galerien. Am Oude
Turmarkt 127 findet ihr das Allard Pierson
Museum der Universität mit einer Sammlung
von archäologischen Funden.
Eine Parallelstraße zum Rokin ist der Nes
(Nesse = sumpfiges Feld), eine der ältesten
Straßen Amsterdams. Im 15. Jh. standen hier
einige Klöster. Im 18. Jh. entwickelte sich
diese Straße immer mehr zu einem Vergnü-
gungsviertel. Heute haben sich verschiedene
Theater hier etabliert.
Wenn man vom Rokin auf den Spui abbiegt,
gelangt man in eine schicke Ecke mit
Buchhandlungen (Athenaeum), eleganten Re-
staurants und zahlreichen traditionellen
Bars und Cafés (Hoppe, Luxembourg). Auf dem
Platz steht die Skulptur eines Gassenjungen,

Sehenswert

Grachten und Hausboote prägen die Stadt

't Lieverdje, der die Jugend darstellen soll. Mitte der 60er Jahre war dies der Jugend-Treffpunkt für Demonstrationen und Protestaktionen.

Der Begijnhof, der bereits 1346 erbaut wurde, führt den Besucher in vergangene Zeiten. Er wirkt wie ein kleines Dorf, in dem die Zeit stehengeblieben ist. Mit seinem herrlichen Innenhof bietet er eine Oase der Ruhe. In den Räumen lebten „Nonnen", die Begijnen, die kein Gelübde ablegen mußten, heiraten konnten, aber in einer Gemeinschaft wohnten und die sich um Arme und Kranke kümmerten. Noch heute wohnen hier alleinstehende Frauen. Von den ursprünglichen Holzhäusern sind nicht mehr viele übrig, denn sie fielen verschiedenen Bränden zum Opfer. Daraufhin wurde ein Gesetz verabschiedet, das den Bau von Häusern aus Holz verbot. Das Het Houten Huis in der Begijnensloot 34 ist noch ein Relikt aus dem Jahre 1420 und ist Amsterdams ältestes Holzhaus. Die anderen Gebäude des Begijnhofes stammen aus dem 17. Jh. Die gotische Engelse Kerk ist um 1400 erbaut worden. Hier beteten zuerst die Calvinisten und dann die Presbyterianer. Die Begijnhof Kapelle fungierte als eine geheime Kirche für Katholiken. Als 1578 die Protestanten die kirchliche Macht übernahmen (Alteratie), hielten die katholischen Gläubigen ihre geheimen Gottesdienste hinter der Fassade einer Wohnung (Nr. 30) ab. Die Gemäuer des Historisch Museum dienten nur kurze Zeit als Kloster. Bereits 1580 wurden die ersten Waisenkinder aufgenommen. Das Gebäude wurde im 17. Jh. von den beiden Stararchitekten Hendrik de Keyser und Jacob van Campen restauriert. Seit 1975 wird hier die Stadtgeschichte dokumentiert.

Oude Zijde

Östlich der Achse Damrak-Rokin liegt die Oude Zijde (Alte Seite), obwohl sie eigentlich etwas später als die Nieuwe Zijde entstanden ist.

Die älteste und einst nobelste Straße, in der die wohlhabenden Geschäftsleute wohnten, ist die Warmoesstraat. Heute ist es eine hektische Geschäftsstraße mit vielen Fast-food-Läden und billigen Hotels. Das "Geels & Co.", Nr. 67, ist ein traditionelles Kaffee- und Teehaus mit einem kleinen Museum. In Nr. 110 schrieb der niederländische Shakespeare "Joost van der Vondel" seine Gedichte.

Der Nieuwmarkt war bereits im 15. Jh. einer der wichtigsten Marktplätze. Die Schiffe segelten vom IJ bis hierher und brachten fangfrischen Fisch in die Stadt. Später verkauften die jüdischen Händler ihre Stoffe und Kleider auf dem Platz. Er ist von herrlichen Patrizierhäusern aus dem 17. und 18. Jh. umgeben. Am Sonntag erwacht der Platz zum Leben, wenn der Antiquitätenmarkt die Besucher anlockt. Blickfang ist die Waag aus dem Jahre 1488, das älteste noch erhaltene Stadttor, früher auch St. Antoniepoort genannt. Nachdem sich die Stadt immer weiter ausbreitete, verlor es immer mehr an Bedeutung. Auf der Waage konnten die Bauern ihre Waren wiegen, und entsprechend dem Gewicht mußten sie ihre Steuern entrichten. Aber auch Anker und Geschütze konnten auf der Waage geprüft werden. Öffentliche Hinrichtungen lockten sensationslüsterne Zuschauer auf den Platz, bis Louis Napoleon die Hinrichtungen verbot. In den oberen Räumen des achteckigen Turms, der erst 1690 gebaut wurde, tagten verschiedene Gilden, und die Chirurgen lauschten den anatomischen Vorlesungen. Hier ließ sich Rembrandt zu dem Bild "Die Anatomievorlesung des Dr. Tulp" inspirieren. Später diente es als Feuerwehrstation, Archiv und jüdisches Museum. Nachdem es einige Zeit leer stand, wurde es von der Gesellschaft für Alte und Neue Medien in ein supermodernes Medienzentrum umgestaltet. In dem alten "Theatrum Anatomicum", dem anatomischen Theater, finden wechselnde Ausstellungen und Lesungen statt, und im Café kann man im Internet surfen.

Der Zeedijk war früher für die Seeleute nach einer langen Reise die erste Anlaufstelle. Es lockten Wein, Weib und Gesang. In den 70er Jahren war die Straße in der Hand von Junkies, Dealern und Kriminellen. Massive Polizeieinsätze und Razzien vertrieben sie. Durch grundlegende Häusersanierungen hat die Straße ein neues Gesicht erhalten. Eine Graffiti an einer Wand formuliert es so: "Zeedijk, die älteste und neueste Straße in Amsterdam". In südlicher Richtung wird das Ambiente immer exotischer. Asiatische Lebensmittel und Plastik-Pekingenten zieren die Auslagen der Schaufenster. Man befindet sich in der kleinen Chinatown. Hier kann man gut und billig in einem der zahlreichen chinesischen Restaurants essen.

Sehenswert

Wenn Schiffe kommen geht die Brücke nach oben

Der gotische Bau der Oude Kerk geht auf das 14. Jh. zurück. Sehenswert ist die vergoldete Decke und die große Orgel.

Südlich des Nieuwmarktes, im Kloveniersburgwal Nr. 29, befindet sich eines der beeindruckendsten Kanalhäuser, das Trippenhuis. Die beiden Brüder der Familie Trip verdankten ihren Reichtum dem Waffenhandel. 1660 beauftragten sie J. Vingboons mit dem Bau dieses kleinen Palastes. Die Schornsteine in Mörserform dokumentieren, womit sie ihr Geld verdienten. Der Kutscher der Gebrüder Trip war von dem Haus so angetan, daß er im Scherz sagte, er wäre schon glücklich, wenn er ein Haus in der Breite dieser Haustüre hätte. Das Minihaus wurde tatsächlich von den Brüdern auf der gegenüberliegenden Seite, unter der Nr. 26, gebaut und hat eine Breite von nur 2,50 Metern. An der Ecke der Oude Hoogstraat residierte in dem roten Ziegelsteingebäude des Ostindisch Huis die V.O.C. Vereinigte Ostindische Companie, der verschiedene Handelsgesellschaften angehörten. Gebaut wurde es von Hendrick de Keyser. Von hier aus wurden zwischen 1603 und 1791 die gewinnbringenden Handelsgeschäfte im Fernen Osten organisiert und abgewickelt sowie Waren gelagert. Außer einem kleinen Emblem über dem Eingang deutet nichts auf die historische Bedeutung des Gebäude hin. Heute gehört es zur Universität.

Zwischen dem Kloveniersburgwal und dem Oudezijds Achterburgwal befindet sich das Oudemanhuispoort, ein ehemaliges Altersheim für Männer. Die Brille im Portal soll das Alter symbolisieren. Heute hat die Universität die Räume belegt. Die Fakultäten der Universität sind über die ganze Stadt verteilt, aber in dieser Gegend ist der Schwerpunkt.
In der Nr. 231 kann man in der Agnietenkapel, einer erhaltenen mittelalterlichen Klosterkapelle aus dem Jahre 1470, die Geschichte der Universität anhand von Dokumenten, Büchern und Drucken verfolgen.

Am Schnittpunkt der drei Grachten Oudezijds Voorburgwal, Oudezijds Achterburgwal und Grimburgwal steht das Dreigrachtenhaus Huis op de Drie Grachten, ein schönes Gebäude aus dem Jahre 1609 mit Treppengiebel, in dem prominente und wohlhabende Familien wohnten.
Der Waterlooplein war früher unter dem Namen "Vlooyenburg" bekannt und war Wohnort armer Juden. Ende des 19. Jhs. waren die Lebensumstände jedoch so katastrophal, daß zwei Kanäle zu-

geschüttet und viele Häuser abgerissen wurden. Der Platz entwickelte sich schnell zu einem großen Marktplatz, und seit den 50er Jahren findet hier der bekannteste und größte Flohmarkt der Stadt statt. Als Ende der 70er Jahre der Bau einer neuen Oper und eines Rathauses angekündigt wurde und somit die letzten Häuser des jüdischen Viertels dem Neubau weichen mußten, führte dies zu gewalttätigen Auseinandersetzungen zwischen Demonstranten und der Polizei. Das Muziektheater und das Stadthuis, auch Stopera ("Stop the Opera") genannt, gehört seit der Eröffnung 1988 zu umstrittensten Bauten in Amsterdam.

In der Passage zwischen dem Rathaus und dem Muziektheater kann man an Säulen die Höhe des Meeresspiegels ablesen. Amsterdam liegt zum größten Teil unter dem Meeresspiegel. Der NAP (Normale Amsterdamer Pegel) ist das Standard-Nullmaß. Deiche und Schleusen sorgen dafür, daß die Amsterdamer keine nassen Füße bekommen.

Die Kirche Mozes en Aäronkerk wurde 1841 erbaut und nach Moses und Aaron aus dem Alten Testament benannt. Dem Bau mußten viele Häuser weichen, darunter auch das Geburtshaus des Philosophen Spinoza.

Vor dem 2. Weltkrieg lebten über 100 000 Juden in Amsterdam. Diese Zahl hatte sich nach Kriegsende durch die Deportationen auf 5500 dezimiert. Das Jewish Historical Museum, J.D. Meijerplein, dokumentiert das Leben der Juden in den Niederlanden. Die Jodenbreestraat, St. Antoniesbreestraat, Uilenburgergracht und der Waterlooplein gehörten zum Zentrum des jüdischen Viertels. Während sich die wohlhabenden Juden am Grachtengürtel und später in der Plantage niederlassen konnten, mußten die armen Juden hier leben. Die Lebensbedingungen waren katastrophal. Viele Häuser wurden in den 70er Jahren abgerissen oder mußten dem U-Bahn-Bau weichen, was zu militanten Straßenschlachten zwischen Polizei und Demonstranten führte. Die St. Antoniesbreestraat ist heute eine modernisierte Straße, die nichts mehr von ihrem ursprünglichen Charakter bewahrt hat. Nur das Pintohuis in der Nr. 69 überlebte die Abrißaktionen. Es ist das einzige Haus in Amsterdam im italienischen Renaissance-Stil, das im Jahre 1680 von dem reichen portugiesisch-jüdischen Bankier Isaac de Pinto gebaut wurde. Heute ist darin die Bibliothek untergebracht, und man hat Gelegenheit, einen Blick in das Innere zu werfen, um die herrlichen Deckenmalereien zu bewundern.

Die Zuiderkerk in der St. Antoniesbreestraat wurde 1611 von Hendrick de Keyser erbaut und war die erste protestantische Kirche in den Niederlanden. Sie ist ein Relikt aus alten Zeiten und steht inmitten moderner Bauten. Der letzte Gottesdienst wurde 1929 abgehalten. Eine Ausstellung dokumentiert die Stadtgeschichte, und über eine Computeranlage kann man sich Infos über die Stadt besorgen. Vom Turm, der zu den Wahrzeichen der Stadt zählt, hat man eine herrliche Aussicht. Der angrenzende Wohnkomplex Pentagon wurde 1983 eingeweiht. Über Geschmack läßt sich bekanntlich streiten, und jeder sollte sich selbst ein Urteil bilden, ob diese Komplex als schön oder häßlich zu bezeichnen ist. Beim Übergang der Antoniesbreestraat in die Jodenbreestraat befindet sich die Lepraporte. Da sich Leprakranke nicht innerhalb der Stadt aufhalten durften, mußten sie sich hier melden. Gegenüber lebte und arbeitete Rembrandt 20 Jahre lang. Seine Werke können im Rembrandthuis bewundert werden.

Vom Nieuwmarkt auf der Geldersekade, Richtung Osten, gelangt man zum Montelbaanstoren. Der Turm diente im 16. Jh. zur Verteidigung. Der achteckige Aufbau und die hölzerne Spitze sind 1606 von Hendrick de Keyser hinzugefügt worden.

Die Portugiesische Synagoge in der Mr. Visserplein 3 wurde 1670 von sephardischen Juden aus Portugal in Auftrag gegeben. Die vordere Front ist nach Jerusalem ausgerichtet. Sie ist noch heute Zentrum der Jüdischen Gemeinde.

Das in Form eines Schiffsrumpfes gebaute Scheepvaarthuis ist im Jahre 1913 von J. M. van der Mey, einem Vertreter der Amsterdamer Schule, errichtet worden und war Sitz verschiedener Schiffahrtsgesellschaften. Heute dienen die Räume den städtischen Verkehrsbetrieben (Prins Hendrikkade 108).

Das Rotlicht-Viertel, auch De Wallen genannt, liegt zwischen Damrak und Oudezijds Achterburgwal und zieht ganze Bushorden von Touristen an, die sich durch die schmalen Gassen wälzen und verschämt an den Sex- und Pornoshops vorbeischleichen. Wie in allen Hafenstädten gehört die käufliche Liebe seit dem 17. Jh. zur Tradition. Die Prostituierten stehen nicht auf der Straße, sondern bieten sich hinter "Fenstern" an. Sie bezahlen für die Zimmer Miete, und viele Hauseigentümer lassen die oberen Stockwerke leerstehen, da sie genügend Geld durch das Vermieten der Zimmer im Erdgeschoß verdienen. Die Frauen haben sich organisiert, bezahlen Einkommensteuer, unterziehen sich regelmäßigen Gesund-

Lange Schlangen vor dem Anne-Frank-Haus

heitsuntersuchungen und sind der VER, Organisation of Entrepreneurs in Prostitution, angeschlossen, die sich für die Belange der Prostituiertenj einsetzt. In den letzten Jahren ist das Viertel durch steigende Kriminalität und den Drogenhandel immer mehr in Verruf geraten. * Vorsicht vor Dieben. * An den Fenstern hängen Aufkleber "no pictures". Haltet euch unbedingt daran. * Tagsüber ist es in dem Viertel relativ ruhig. Es lohnt sich ein Besuch, denn hier gibt es einige Sehenswürdigkeiten und gute Kneipen.

Der Grachtengürtel

Zu Beginn des 17. Jhs. kamen viele jüdische Emigranten aus Spanien und Portugal sowie Protestanten aus Antwerpen nach Amsterdam. Die Stadt platzte bald aus allen Nähten. Die Wirtschaft florierte, und mit zunehmendem Reichtum wuchsen die ehrgeizigen Pläne der Städteplaner: die Schaffung eines Grachtengürtels um die Stadt. 1613 wurde mit dem Bau begonnen. Die Häuser in der Heren-, Keizers- und Prinsengracht waren den wohlhabenden Leuten vorbehalten, während die Armen im Jordaan-Viertel leben mußten. Ein Haus an der Herengracht kostete damals das Zehnfache des Preises einer Bleibe in einem anderen Stadtviertel. Es gab genaue Vorschriften, wie ein Haus auszusehen hatte. Dieses Viertel wird wegen der prachtvollen Häuser auch "Goldene Bucht" genannt.

Jordaan

Nur einige Gehminuten vom Bahnhof liegt im westlichen Grachtengürtel das Jordaan-Viertel, in dem früher die Arbeiter wohnten. Der genaue Ursprung des Namens ist unklar. Man geht davon aus, daß er sich vom französischen "jardin" (Garten) ableitet. Dies ist durchaus möglich, denn viele Straßen sind nach Pflanzen benannt. Die Bewohner haben sich dem "jardin" angepaßt, denn jeder freie Platz wird mit kleinen Gärtchen und Blumen verziert. Im Gegensatz zu anderen Vierteln gibt es hier wenige Grachten, da auf dieser Fläche so viele Menschen wie möglich wohnen mußten. Um die Jahrhundertwende lebten hier 80 000 Menschen (Ende des 20. Jhs. sind es 13 000!) unter katastrophalen Bedingungen. Das Viertel war ziemlich heruntergekommen, die Häuser waren schlecht gebaut und standen vor dem Verfall. Nach dem 2. Weltkrieg wurde mit der Sanierung der Elendsviertel begonnen. Die Ankündigung der Stadtverwaltung in den 60er Jahren, viele Häuser abzureißen, führte zu heftigen Protesten unter der Bevölkerung. Anfang der 70er Jahre entdeckten die Studenten und Künstler das Viertel, und heute leben Arbeiter und Intellektuelle Tür an Tür.

Aufgrund der beengten Wohnverhältnisse spielte sich das Leben auf der Straße ab. Diese "gezelligheid", Gesellichkeit, ist immer noch bezeichnend für dieses Viertel. Typisch sind auch die Spitzengardinen. Da sich vieles draußen abspielt, kann man sich dahinter verstecken und heimlich die Szenerie beobachten.

Der Charme dieses Viertels ist einzigartig, und ein ausgiebiger Spaziergang ist äußerst lohnenswert. In den malerischen Gassen entdeckt man kleine Handwerksbetriebe, Galerien, Buchläden, Secondhandshops, moderne und flippige Boutiquen, und in den zahlreichen Cafés und Restaurants kann man sich vom Sightseeing erholen.

Bezeichnend für dieses Viertel sind auch die vielen Hofjes, Höfe, deren Entstehung in das 17. Jh. zurückgehen. Die Wohnungen, meistens um einen Innenhof angelegt, wurden von wohlhabenden Kaufleuten für ihre altgewordenen Bediensteten und für Arme gebaut. Diese ruhigen, grünen Höfe locken (vielzu) viele Touristen an, was den Anwohnern manchmal auf die Nerven geht, und sie schließen die Eingangstüren ab. Aber man kann es versuchen beim: "Lindenhofje", Lindengracht 94 - 112; "Venetiae", Elandsstraat 106 - 136; Claes Claeszhofje, Eerste Egelantiersdwarsstraat 3, ist heute ein Wohnheim für Musikstudenten; De Star Hofje, Prinsengracht 89 - 133, ließ ein reicher Kaufmann aus Dankbarkeit nach seiner Freilassung aus einer versehentlichen Gefangennahme im Jahre 1804 erbauen. "Zon's Hofje" in der Prinsengracht 159-171 ist ein Wohnheim für Studentinnen. Sehr schön ist der blau-weiß gekachelte Durchgang zum "Andrieshofje" in der Egelantiersgracht 107 - 114.

Die Häuser in der Prinsengracht sind zwar kleiner und schmaler als die an den anderen Kanälen, aber nicht weniger beeindruckend. Man findet viele kleine Läden, Restaurants und Cafés, in denen man draußen sitzen kann.

Das Huis met de Hoofden, "Haus mit den Köpfen", in der Keizersgracht 123 war beim Bau im Jahre 1622 das größte Doppelhaus. An der Fassade sind die Kopfporträts der sechs Götter Apollo, Ceres, Mars, Minerva, Bacchus und Diana angebracht.

Die Rozengracht war früher ein Kanal, wurde dann zugeschüttet und ist heute eine Hauptverkehrsstraße mit viel Fast food und Billigläden. Am Haus Nr. 184 weist eine Tafel darauf hin, daß Rembrandt hier die letzten zehn Jahre seines Lebens verbrachte.

Die Bloemgracht wird auch als „Herengracht des Jordaan" bezeichnet. Im 17. Jh. wurden hier vorwiegend Farben hergestellt. Heute dümpeln viele Hausboote auf der Gracht, und die kleinen Straßen mit den Cafés laden zu einer Pause ein. Die Brouwersgracht ist nach den Brauereien benannt, die sich hier im 17. Jh. ansiedelten. Die vollbeladenen Schiffe luden ihre Waren (Zucker, Kaffee, Gewürze) ab und deponierten sie in den Lagerhallen (pakhuizen). Inzwischen sind viele Lagerhallen zu Wohnungen umgebaut worden. Ein ruhige Ecke, aber von hier hat man einen Blick über alle drei nebeneinander liegenden Grachten.
Am Westermarkt stehen drei Dreiecke aus rosa Granit, De Drie Driehoeken, ein Monument für Schwule. Sie mußten im Dritten Reich ein rosa Dreieck als Kennzeichen tragen. Am Westermarkt 6 wohnte René Descartes im Jahre 1634.

Die Westerkerk ist die größte Renaissancekirche der Niederlande. Sie ist eine von den vier protestantischen Kirchen, die nach der Himmelsrichtung ihres Standorts benannt sind. Hendrik de Keyser hat mit dem Bau 1620 begonnen, starb aber ein Jahr später. Am 8.10.1669 wurde Rembrandt hier beigesetzt, seine sterblichen Überreste jedoch sind bis heute nicht identifiziert worden. Die Kirche hat mit 85 m den höchsten Turm Amsterdams, und nach einem anstrengenden Aufstieg wird man mit einer schönen Aussicht belohnt. Nur ein paar Meter entfernt ist das berühmteste Haus Amsterdams, das Anne Frank Huis. Das kleine jüdische Mädchen konnte die 42 Glocken der Westerkerk zwar nicht sehen, aber das Glockenspiel hören. In der Herengracht 168 ist das Theatermuseum und in Nr. 170 das Bartolotti-Haus. Beauftragt wurde Hendrick de Keyser im Jahre 1617 von dem superreichen Geschäftsmann Willem van den Heuvel, der später den Namen seines Schwiegervaters Bartolotti annahm. Eine sehenswerte Einrichtung mit einem imposanten Deckengemälde.

Reges Straßenleben

Mittlerer Grachtengürtel

Bei einem Grachtenspaziergang wird man in längst vergangene Zeiten versetzt.
Der Leidseplein war, als er im 17. Jh. gebaut wurde, am Stadtrand gelegen. Schon immer herrschte hier rege Betriebsamkeit. Die Straße von "Leiden" endete hier am "Leidener Tor", wo die Bauern ihre Pferde oder Gespanne abstellten. Es wurde im 19. Jh. abgerissen, aber die Attraktivität ist geblieben. Es wird für jeden Geschmack etwas geboten. Besonders das Nachtleben wird groß geschrieben: viele Bars, Pubs, Diskotheken und Restaurants aller Nationalitäten. Es lohnt sich, hierher zu kommen, um die internationale Menschenmenge zu beobachten. Highlights sind die Kulturzentren Melkweg, das Paradiso und De Balie. Der Bau des Stadttheaters Stadsschouwburg geht auf das Jahr 1894 zurück. Fußballfans kennen die Terrasse vielleicht aus dem Fernsehen, wenn die Helden von Ajax Amsterdam hier stehen und bejubelt werden. Gegenüber liegt das traditionsreiche American Hotel. Der Originalbau ist 1880 in neugotischem Stil erbaut worden. Aber bereits nach 20 Jahren galt dieser Baustil als "passé". Das Gebäude wurde kurzerhand abgerissen und von dem Architekten Willem Kromhout im Stil des "Art Nouveau" aufgebaut. Das elegante Artdeco-Café ist vor einigen Jahren renoviert worden, und viele Originalmöbel können im Rijksmuseum besichtigt werden. Mit den Tiffany-Leuchtern und den bunten Fenstern hat der Bau seinen Charme bewahrt.

Östlicher Grachtengürtel

Neben dem Leidseplein zählt der Rembrandtplein zu den wichtigsten Vergnügungsvierteln der Stadt, in dem sich Bars, Cafés und Restaurants aneinanderreihen. Der Platz ist nach der Rembrandt-Statue benannt, die 1876 aufgestellt wurde. Früher fand hier der Buttermarkt statt. Ähnlich voll geht es am Thorbeckeplein zu, auf dem die Statue des Ministerpräsidenten J.R. Thorbecke (1798-1872) steht. Von hier führt die Herengracht in westlicher Richtung zum Goldenen Bogen, zwischen der Vijzelstraat und Leidsestraat. Hier residierten im 17. Jh. in prunkvollen Patrizierhäusern reiche Geschäftsleute, die es sich leisten konnten, zwei nebeneinanderliegende Grundstücke zu kaufen. Unter den Reichen war es "in", im französischen Stil Ludwig XIV. oder XV. zu bauen. Die Häuser sind außen schlicht, die Fassaden vorwiegend aus teurem importierten Sandstein statt Ziegel, aber innen luxuriös ausgestattet. Die meisten Häuser beherbergen heute Büro- und Verwaltungsräume, die der Öffentlichkeit nicht zugänglich sind. Eine Ausnahme ist das Kattenkabinet in der Nr. 497. In der Herengracht 380 stehen Kopien der Schlösser von Loire, in der Herengracht 502 befindet sich die Wohnung des Bürgermeisters.

In der Reguliersplein kommt man am schönsten Kino der Stadt, dem Tuschinskitheater, vorbei. Die unterschiedlichen Stilrichtungen der Amsterdamer Schule und des Art deco sind sehenswert. Einige Gehminuten weiter gelangt man auf den Muntplein (Münzplatz), wo in einem Gebäude Münzen geprägt wurden, und zu dem 1490 gebauten Munttoren, der zur Stadtmauer gehörte. Nach einem Brand blieben nur die Grundmauern erhalten. Der Glockenturm wurde 1619 von Hendrick de Keyser hinzugefügt. Ein beliebtes Postkartenmotiv, besonders mit dem Bloemenmarkt im Vordergrund.
Die Amstelkerk, Amstelveld 10, ist eine 1668 erbaute protestantische Holzkirche. Eigentlich war sie nur als Provisorium gedacht und sollte durch Stein ersetzt werden, aber aus Geldmangel blieb es zunächst dabei. Erst 200 Jahre später war genügend Geld für eine neue Ausstattung vorhanden. Und so wurde die Kirche in den 60er Jahren umgebaut. Auf dem Amstelveld findet am Montagmorgen ein Blumenmarkt statt.

Südlich der Stadhouderskade (in der sich auch die Heineken Brauerei befindet) liegt das im 19. Jh. entstandene Arbeiterviertel De Pijp (= Rohr oder Schlauch), das aufgrund der schmalen, langen Straßen so benannt wurde. In den 60er und 70er Jahren siedelten sich viele Einwanderer aus Surinam, Marokko, der Türkei und den niederländischen Antillen hier an. Es wird aufgrund der Bevölkerungsvielfalt auch als "Quartier Latin" bezeichnet. Aber nicht nur die Menschen sind sehr vielfältig, sondern auch die Baustile. Das Viertel wird nach und nach saniert. Neubauten stehen neben Altbauten, die kurz vor dem Verfallen sind oder gerade frisch renoviert wurden. Originell sind die Balkone mit den integrierten Sitzmöglichkeiten. Der dichtbevölkerte Albert Cuyp Market ist ein bunter, vielfältiger Straßenmarkt. Südlich der Albert Cuypstraat bietet der im englischen Stil angelegte Sarphatipark Erholung.

Sehenswert

Schnäppchenjagd auf dem Flohmarkt

Sehenswert

Das Museumsviertel

Ende des 19. Jhs. beschloß die Stadtregierung, verschiedene Gebiete im südlichen Teil der Stadt für die Schaffung eines kulturellen Zentrums trockenzulegen. Es entstanden prachtvolle Häuser in breiten Straßen mit exklusiven Läden, in denen frau Luxus shoppen kann (PC Hooftstraat). Auf dem Museumplein fand 1895 die Weltausstellung statt. Als die Rolling Stones 1995 ihre Europatournee im Paradiso eröffneten, standen riesige Leinwände herum und Tausende begeisterter Fans bejubelten die Gruppe. Hier sind die drei wichtigsten Museen, die jährlich Hunderttausende Menschen anziehen: das Rijksmuseum, das Stedelijk Museum und das Van Gogh Museum (Näheres unter dem Kapitel "Museen"). Gegenüber des Rijksmuseums liegt in der Nieuwe Spiegelstraat das Spiegelkwartier, in dem sich auf relativ engem Raum Galerien, Antiquitäten- und Kunstläden drängen. Das Konzerthaus Concertgebouw ist für seine hervorragende Akustik bekannt. Im Vondelpark ist bei schönem Wetter die Hölle los, und im Sommer kann man sich kostenlos ein Konzert reinziehen. In der Vondelstraat 40 wurde nach dem Vorbild der Spanischen Hofreitschule in Wien die Hollandse Manege im Jahre 1882 eröffnet. Das Interieur ist noch unverändert, und es lohnt sich, die Einrichtung mit den vergoldeten Pferdeköpfen und vergoldeten Spiegel anzuschauen.

Plantage

Im 19. Jh. erwiesen sich die Diamantenvorkommen in den südafrikanischen Kolonien als stetig sprudelnde Quelle, die den jüdischen Bürgern zu wachsendem Wohlstand und Reichtum verhalf. Sie begannen in der Plantage mit dem Bau von prachtvollen Wohnhäusern und großzügig angelegten Straßen. Es ist ein sehr ruhiges Stadtviertel.
Im Zoo Artis leben über 6000 Tiere, außerdem verfügt er über ein großes Aquarium, Planetarium und ein Zoologisches Museum.
Die Lagergebäude am Entrepotdok gehörten Mitte des 19. Jhs. zu den größten Hallen Europas. Nach einer grundsätzlichen Sanierung in den 80er Jahren entstand ein Freizeit- und Bürokomplex mit Wohnungen, Restaurants und Cafés. Im Botanischen Garten Hortus Botanicus in der Plantage Middenlaan 2a ließen Ärzte bereits 1638 die ersten Heilkräuter anpflanzen.

Die Schiffe der ostindischen Gesellschaft brachten
Pflanzen aus aller Herren Länder, und im Laufe der
Zeit vergrößerte sich der Garten immer mehr.
Botaniker werden unter Tausenden von Pflanzen einige seltene Exemplare finden (täglich 9 bis 17 Uhr geöffnet, f 7,50). Die De Gooyer Windmill in der Fu-
nenkade 5 ist eine von sechs noch erhaltenen Windmühlen. Sie wurde bereits 1725 erbaut. Seit Anfang
des Jahrhunderts erstrahlt sie in neuem Glanz.

Das ist typisch Amsterdam

Die Grachten

**Die Kanäle haben insgesamt eine Länge von 100
Kilometern und werden von über tausend Brücken über-
spannt.**

Bereits zu Beginn des 14. Jhs. wurden die ersten Grachten angelegt. Anfang des 17. Jhs. begann das einst mittelalterliche Dorf
aus allen Nähten zu platzen. Amsterdam war zu dieser Zeit die
mächtigste Handelsnation, und die Zuwandererströme ließen die
Einwohnerzahlen in die Höhe schnellen. Man brauchte Platz, und
1613 wurde Hendrick de Keyser mit dem Bau der drei Kanäle, des
"Grachtengordels", beauftragt. Die Prinsengracht ist nach dem
Statthalter Wilhelm von Oranien benannt, die Keizersgracht zu Eh-
ren des deutschen Kaisers und die Herengracht nach den regieren-
den, reichen "Heren". Auf den neugewonnenen, teuren
Grundstücken ließen die wohlhabenden Bürger ihre Häuser bauen.
Da Geschäfte nur in den Querverbindungen eröffnet werden durften, zeigen die Häuserfronten noch heute ein geschlossenes Bild.
Für die Handelsschiffe, die auf den Grachten in die Stadt fuhren,
um ihre Waren abzuladen, war dies von großem Vorteil. Aber mit
dem Ausbau des Straßennetzes verloren die Grachten zusehends
an Bedeutung. Es herrscht zwar immer noch Betriebsamkeit auf
den Kanälen, aber nicht von den Frachtschiffen, sondern den
Touristen-Booten.

Vor der Eindeichung des Ijsselmeers wurde der Wasserstand in
den Kanälen von Ebbe und Flut beeinflußt. Heute regulieren
Schleusen und diverse Pumpsysteme den Wasserstand.
Großangelegte Säuberungsaktionen befreiten die Grachten in den
70er Jahren von jeglichem Unrat.

Typisch Amsterdam

Da immer wieder Leute in die Grachten stürzten, wurden Anfang des 19. Jhs. Seile gespannt, die inzwischen durch massivere Rohre ersetzt wurden.

Grachtenhäuser

Im Mittelalter wurden die Häuser aus Holz gebaut. Nachdem Brände die Häuser immer wieder zerstörten, durfte kein Holz mehr verwendet werden. Seit dem 17. Jh. gibt es genaue Vorschriften, welche Materialien benutzt werden dürfen. Auch die Häuserbreite unterlag der Reglementierung.

Die Häuser sind schmal und hoch und jedes Haus hat einen Blick zur Gracht. Die Bauherren hatten in der Fassadengestaltung nur begrenzte Möglichkeiten, z. B. bei den Türen, Fenstern und den Giebeln. Durch die Jahrhunderte hindurch waren unterschiedliche Giebelformen aktuell. Die Dreiecksgiebel entstanden bereits im Mittelalter. Schnabelgiebel zierten hauptsächlich die Lagerhallen. Die Treppengiebel wurden vorwiegend Ende des 16. bis Mitte des 17. Jhs. gebaut, diese wurden von den Hals- und Glockengiebeln abgelöst. Ende des 17. Jhs. tauchten Leistengiebel mit den verschiedensten Dekorationen auf. Bis dahin dienten die Giebelsteine mit Berufsdarstellungen oder anderen Symbolen zur Kennzeichnung der Hausbesitzer. Hausnummern wurden erst unter Napoleon eingeführt. Bei einem Spaziergang wird man schnell feststellen, daß sich die Fassaden leicht nach vorne neigen. Dies hat mehrere Gründe: der Transport von Waren und Möbeln ist über die schmalen Treppen nicht möglich, sie müssen außen hochgezogen werden. Durch die geneigten Fassaden werden die Fenster nicht beschädigt und die Seile können sich nicht verfangen. Außerdem wird Platz gewonnen und die Giebel sind von unten besser sichtbar.

Je schmaler das Haus gebaut wurde, desto weniger Steuern fielen an. Und deshalb gibt es so viele "kleine" Häuser. Jeder Stadtführer erklärt ein anderes Haus als das kleinste.

* Das Haus in der Oude Hoogstraat 22 ist 2,02 m breit und 6 m tief. Noch schmaler ist das Haus in der Singel Nr. 7, das nur Türbreite hat. Das Haus in der Singel Nr. 144 hat eine Breite von 1,80 m. Aber dies sind nur die Häuserrückseiten, von vorne sind sie normal groß. Das Kleine Trippenhuis, Kloveniersburgwal 26, ist nur 2,44 m breit, und gleich gegenüber liegt mit 22 m eines der "breitesten" Privathäuser der Stadt.

Typisch Amsterdam

Fußgänger und Räder haben Vorfahrt

Typisch Amsterdam

Einige Häuser mit Besonderheiten

- Im Giebelstein des Hauses in der Lindengracht 55 und 57 sind schwimmende Fische in einem Baum abgebildet, die Jahreszahl steht auf dem Kopf und die Straße muß rückwärts gelesen werden.
- Bevor das Jordaan-Viertel an die Gasleitung angeschlossen wurde, verkaufte man in der Boomstraat 24 - 28 heißes Wasser und heiße Steine zum Wärmen. Die Giebelsteine weisen noch immer darauf hin.
- Sämtliche verschiedene Giebelformen sieht man an den Häusern am Nieuwmarkt 8 - 20.
- Sieben nebeneinanderliegende Häuser repräsentieren in der Roemer Vischerstraat sieben verschiedene Baustile aus verschiedenen europäischen Ländern.
- Das Spinhuis, das im Jahre 1595 eröffnet wurde, war ein Haus für die "verirrten" Seelen der Prostituierten, Bettlerinnen und Diebinnen. Um wieder auf den "richtigen Weg" zu kommen, mußten die „gefallenen Mädchen" spinnen und weben. Um das Schamgefühl der Insassinnen zu wecken, konnte man, wie in einem Zoo, den Frauen beim Arbeiten zuschauen. Heute sind in dem Gebäude Büroräume untergebracht, und nur die Figuren und die Inschrift an der Hausfront erinnern an dessen moralinsaure Geschichte. Oudezijds Achterburgwal/Ecke Spinnhuissteeg.
- Das Rasphuispoortje war um 1600 ein Zuchthaus für Männer, die hier Holz raspeln mußten. Das Portal zeigt einen Fuhrmann, der Löwen vor seiner Kutsche mit einer Peitsche bändigt. Heiligeweg 19.
- Einen guten Einblick in das Leben wohlhabender Bürger bieten das Museum "Willet-Holthuyzen" und "Van Loon" (näheres unter "Museum").

Hausboote

Nachdem die Wohnungsknappheit in den 50er Jahren immer größere Ausmaße annahm, kamen immer mehr Leute auf die Idee, auf dem Wasser zu wohnen. Seit den 70er Jahren ist eine Registrierung notwendig. Es sind nicht mehr als 2500 Hausboote zugelassen. Die Kähne, Flöße und kleinen Frachter werden liebevoll gestaltet, und manche sehen aus wie schwimmende Gewächshäuser. Sie haben Strom- und Wasseranschluß. Aber es ist ein Trugschluß zu glauben, daß die Menschen hier preisgünstiger als in Wohnungen „an Land" leben. Der Kaufpreis, die Instandhaltung eines Bootes und die Miete eines Anlegeplatzes entsprechen der Wohnungsmiete.

Brücken

Die breiteste Brücke ist die Torensluis, zwischen Torensteeg und Oude Leliestraat. Sie ist nach den beiden Türmen benannt, die bereits im Jahre 1829 abgerissen wurden. In den Brückenfundamenten befanden sich die Gefängniszellen für die Gefangenen. Auf dem Platz steht eine Statue des niederländischen Autors Eduard Douwes Dekker, der im 19. Jh. unter dem Pseudonym Multatuli schrieb. Die Magere Brug ist eine Zugbrücke aus Holz, die alle 20 Minuten von einem Brückenwärter hochgezogen wird. Es sind verschiedene Versionen zur Namensgebung der 300 Jahre alten Brücke im Umlauf: die Originalbrücke sei sehr schmal (mager) gewesen; der Erbauer habe Mager geheißen; eine weitere Version erzählt von zwei Schwestern, die auf den einander gegenüberliegenden Seiten des Kanals lebten, ließen sie bauen, damit sie sich leichter besuchen konnten.

Die Blauwbrug ist nach dem Anstrich der Original-Holzbrücke benannt. 1883 wurde die jetzige Brücke, anläßlich der Weltausstellung, nach dem Vorbild der Pariser Pont Alexandre III. gebaut.
Wer 15 Brücken auf einmal sehen möchte, geht zur Ecke Heren-/Reguliersgracht. Ein fotoreifes Motiv.

Fahrräder

In Amsterdam gibt es über 500 000 Drahtesel, die von ihren Besitzern individuell gestaltet und dekoriert werden. In den 60er Jahren wurde auf Initiative der Provos der "Weiße Räder Plan" ins Leben gerufen. Die Stadt stellte weiße Räder zur Verfügung, die jeder benutzen und an einem beliebigen Ort wieder abstellen konnte. Die Idee war gut, scheiterte aber an der kriminellen Energie der Fahrradbenutzer. Innerhalb kürzester Zeit waren sie geklaut, umgespritzt und wurden weiterverkauft.

Typisch Amsterdam

Carillons

Die "Glockenspiele" in den Türmen hatten ab dem 15. Jh. eine wichtige Funktion: sie dienten als Zeitansage. Mit zunehmender Produktivität und wirtschaftlichem Wohlstand wurde es immer wichtiger, sich an Absprachen zu halten und die Zeit einzuteilen. Um die Aufmerksamkeit der Bewohner zu wecken, wurde zuerst eine Melodie gespielt und dann folgten die unterschiedlichen Glockenschläge, welche die Stunden zählten. Die Glocken schlagen heute alle halbe Stunde, und alle Viertelstunde ertönt eine Melodie, die manchmal von bis zu 100 verschiedenen Glocken gespielt wird. Hören kann man dieses akustische Spektakel donnerstags zwischen 11 und 12 Uhr von der Zuiderkerk, der Oude Kerk am Koninklijk Paleis samstags von 16 - 17 Uhr, dienstags von 12 - 13 Uhr in der Westerkerk und am Munttoren freitags von 12 - 13 Uhr.

Drehorgeln

Ende des 17. Jhs. gab es die erste Drehorgelwerkstatt. Früher standen die bis zu vier Meter breiten Straßenorgeln ("pierements") mit ihren Spielern an jeder Straßenecke. Nicht jeder durfte mit einer Orgel spielen, dieses Privileg war Behinderten vorbehalten. Drei Leute waren beschäftigt: einer drehte das Rad, die anderen beiden sammelten das Geld ein. Angeblich sollen ihnen die Anwohner immer wieder Geld gegeben haben, damit sie mit dem Spielen aufhören. Neue Drehorgeln werden schon lange nicht mehr gebaut, aber die alten werden liebevoll restauriert und begeistern die Leute mit alten Seemannsliedern.

Amsterdammertjes

Es gibt keine Straße, keine Gasse ohne diese rotbraunen Eisenpfähle, die das wilde Parken verhindern und die Passanten vor rasenden Autos schützen sollen.

Architektur

Obwohl in Amsterdam nur wenige Gebäude durch ihre eindrucksvolle Größe imponieren, gibt es keine andere europäische Stadt mit derartig vielfältigen

Typisch: Tulpen auf dem Blumenmarkt

architektonischen Finessen. Fast jede Stadt hat ihre "Stararchitekten", die mit ihrem Stil das Stadtbild prägen und der Stadt ihren Stempel aufdrücken; das gilt auch für Amsterdam.

Hendrick de Keyser (1565 - 1621) gilt als Vertreter der holländischen Renaissance. Er baute unter anderem die Zuiderkerk, Westerkerk, Noorderkerk und das Oostindisch Huis. Im „Goldenen Zeitalter" des 17. Jhs. prägten Jacob van Campen (1595 - 1657) und Philips Vingboons (1607 - 1678) die Stadt. Nach dem Goldenen Zeitalter war die barocke Kunstrichtung der französischen Architektur Ludwigs XIV. und XV. sehr beliebt, und die Giebel wurden durch eine rechtwinklige Bauweise ersetzt. Pierre J. H. Cuypers (1827 - 1921) bevorzugte eine Mischung aus Gotik und Renaissance. Er baute den Centraal Station, die Vondelkerk und das Rijksmuseum. Hendrik Petrus Berlage (1856 - 1934) ist der Vorreiter der modernen Architektur, einer Mischung aus Art déco, Jugendstil und der Amsterdamer Schule.

In der Amsterdamer Schule schlossen sich zwischen 1910 und 1926 gleichgesinnte Architekten zusammen und entwickelten einen neuen Baustil. Charakteristisch sind die bunten Backsteinbauten, plastischen Dekorationen und farbigen Ziegel. Schwerpunkt war der Soziale Wohnungsbau, dessen Wohnsiedlungen originell gebaut und attraktiv gestaltet werden sollten. Die wichtigsten Vertreter dieser Schule sind Pieter Kramer und Michel de Klerk (Scheepvaarthuis, Prins Hendrikkade 108).

Stadtgeschichte

Vom Fischerdorf zur Handelsstadt

1275 wird Amsterdam zum ersten Mal geschichtlich erwähnt. Die Stadt erhält von Graf Floris V. die Zollfreiheit und wird von der Steuerpflicht befreit. 1345 erbrach ein Sterbender eine Hostie, die ,anschließend ins Feuer geworfen, aber nicht verbrannte. Das Hostienwunder machte Amsterdam zu einem Wallfahrtsort. Noch heute wird dieses „Wunder" jährlich zelebriert. In das Jahr 1346 fällt der Bau des Begijnhof, des ältesten noch bestehenden Klosters. 1452 zerstört ein Brand große Teile der Stadt. 1567 übernimmt Philipp II. von Spanien die Herrschaft und führt ein strenges katholisches Regime, unter dem viele Protestanten hingerichtet werden oder fliehen müssen. 1572 wehren sich die Niederländer gegen die spanische Herrschaft. 1578 werden die Spanier aus dem Land gejagt. Die katholische Kirche unter Führung Wilhelms I. von Oranien muß ihre Macht an die Kalvinisten abgeben ("Alteratie"). Die Glaubensfreiheit wird vertraglich festgeschrieben. Ein Jahr später besieglet ein weiterer Vertrag die Unabhängigkeit der Stadt. 1580 - 85 kommen viele protestantische Zuwanderer aus Deutschland und jüdische Emigranten aus Portugal und Spanien nach Amsterdam, die die "Diamantenschleiferei" mitbringen. 1595 landen die ersten niederländischen Schiffe in Indonesien (damals Ostindien), und sieben Jahre später wurde die Ostindische Kompanie gegründet.

17. Jahrhundert - das Goldene Zeitalter

Nach der Gründung der Ostindischen Kompanie 1602, einer Handelsgesellschaft mit radikaler Exekutivgewalt in den Kolonien, blühte der Handel mit Indonesien, Indien, China und Japan. Die Niederlande wurden schnell zur führenden Handelsnation und zur Schatzkammer Europas. Architektur, Malerei, der Buchdruck und Kunsthandel erleben eine Hochblüte. 1609 unterzeichnen die Niederlande mit Spanien einen Waffenstillstandsvertrag, der auch zwölf Jahre lang eingehalten wird. 1620 hat Amsterdam 100 000 Einwohner, 50 Jahre später sind es bereits 200 000. Eine Stadterweiterung ist notwendig: es wird mit dem Bau des Grachtengürtels begonnen. 1630 Einführung der Religionsfreiheit. 1648 endet der 80jährige Krieg mit Spanien.

Das 18. Jahrhundert

Viele europäischen Staaten waren ständig in kriegerische Auseinandersetzungen untereinander verwickelt, was zu enormen wirtschaftlichen Problemen führte. Amsterdam hatte um diese Zeit eine wirtschaftliche Machtposition erreicht. Aber zu Beginn des 18. Jhs. wurden die Niederlande in kostspielige Seekriege verwickelt und verloren ihre Vormachtstellung im Seehandel. Auch das industrielle Wachstum hatte darunter zu leiden. Nur der Kolonialhandel blühte weiter, und Mitte des 18. Jhs. war Amsterdam eine der wichtigsten Finanzmetropolen der Welt. Durch den freiheitlich-liberalen Geist dieser weltoffenen Stadt wurden viele Einwanderer angezo-

Moderne Kunst fordert Interpretation

gen. Kurz vor Ende des Jahrhunderts marschieren die Franzosen in Amsterdam ein.

Das 19. Jahrhundert

1806 werden die Niederlande ein Königreich, und Napoleon setzt seinem Bruder Louis Napoleon die Krone auf. 1814 wird Wilhelm I. König der Niederlande. Amsterdam wird Hauptstadt, aber der Regierungssitz, an dem die Entscheidungen getroffen werden, bleibt Den Haag. Bis 1830 sind Holland und Belgien ein Königreich, dann erlangt Belgien die Selbständigkeit. Die wirtschaftliche Lage stagniert, aber der Zuwanderungsstrom hält an. Mitte des Jahrhunderts hat Amsterdam 250 000 Einwohner. 1883 besuchen eine Millionen Menschen die Weltausstellung.

Das 20. Jahrhundert

Um die Jahrhundertwende hat die Stadt 500 000 Einwohner. Während des 1. Weltkrieges 1914-1918 bleiben die Niederlande neutral. 1928 finden die Olympischen Spiele in Amsterdam statt. 1940 besetzen die Nazis das neutrale Land, und am 25. Februar 1941 streiken die Werftarbeiter aus Protest gegen die Judendeportationen. Am 15. Juli 1944 erfolgt die Verhaftung von Anne Frank. In den KZs sterben über 100 000 niederländische Juden. 1949 müssen die Niederlande auf internationalem Druck hin Indonesien in die Unabhängigkeit entlassen.

In den 50er Jahren führen der steigende Wohlstand und die explodierenden Einwohnerzahlen zu großen sozialen Problemen, denen die Stadt nicht mehr gewachsen ist. 1963 machen die Hausbesetzer auf die Wohnungsnot aufmerksam. Es kommt zu gewalttätigen Krawallen zwischen verbarrikadierten Hausbesetzern und der Polizei. 1966 erreichen die Proteste, am Hochzeitstag von Königin Beatrix mit dem Deutschen Claus von Amsberg, ihren Höhepunkt. In den 70er Jahren beginnen große Sanierungsaktionen. Ganze Häuserviertel werden abgerissen. Der Nieuwmarkt soll dem Bau der U-Bahn und dem Rathaus weichen, was erneut zu gewalttätigen Protesten und Auseinandersetzungen zwischen Demonstranten und der Polizei führt. 1975 erfolgt die Unabhängigkeit Surinams, was eine Einwanderungswelle auslöst. 1986 wird die umstrittene Stopera eröffnet. 1997 Euro-Gipfel in Amsterdam.

Die Provos

Die erste europäische Protestbewegung der Nachkriegsjahre wurde 1964 von Roel van Duyn gegründet. Die Provos, Abkürzung von "Provokation", demonstrierten gewaltfrei gegen die Umweltverschmutzung, gegen die Atombombe, gegen die Amerikaner und ihren Einsatz in Vietnam. Als Königin Beatrix 1966 heiratete, demonstrierten sie gegen das Establishment. Trotz immenser Sicherheitsvorkehrungen schafften sie es, ein lebendes Huhn gegen die königliche Karosse zu schleudern, Rauchbomben flogen - und alles wurde live in die Wohnzimmer übertragen. Noch im gleichen Jahr bekamen die Provos bei den Stadtwahlen so viele Stimmen, daß sie mit einem Vertreter ins Stadtparlament ziehen konnten. Ihre Visionen: Der "Weiße-Fahrrad-Plan". 20 000 weiße Fahrräder werden den Bürgern zur Verfügung gestellt, die sie kostenlos benutzen und nach Gebrauch an einem beliebigen Ort wieder abstellen können. Das Pilotprojekt scheiterte ziemlich schnell, da in kürzester Zeit alle Räder geklaut waren. Der "Weiße-Hennen-Plan": die Polizisten sollten in weiß gekleidete, unbewaffnete Sozialarbeiter sein, die sich für jegliche Belange der Bürger einsetzen. 1967 brach die bunt zusammengesetzte Gruppe zusammen. Nachfolger waren die Kabouters (Kobolde), die sich für autarke Bauernhöfe und die vollständigen Verbannung des Autos stark machten.

In der Zeit der "Flower Power" hatte Amsterdam den Ruf des "Magic Center". Alles war hier möglich - nichts war verboten. Die Hippies kamen aus aller Welt und lagen Dope-rauchend im Vondelpark. Da es nicht so viele Übernachtungsmöglichkeiten gab, um alle aufzunehmen, entstanden "Sleepins" (Schulen, Hallen), und die Stadt gab die offizielle Genehmigung, im Vondelpark den Schlafsack auszubreiten. 1970 wurden bei den Stadtwahlen 5 Kabouters in das Stadtparlament gewählt. Die Joints, die sie während der Sitzungen qualmten, erleichterten ihnen die harte und nervenaufreibende Auseinandersetzung mit den Etablierten nicht, und nach ungefähr zehn Jahren löste sich diese politische Protestbewegung auf. Aber die Provos und Kabouters hatten sehr wohl etwas erreicht: die Menschen begannen umzudenken.

Kraker

Ende der 70er Jahre waren über 60 000 Menschen auf Wohnungssuche. Die Wartezeiten für eine Wohnung im Zentrum betrug über 8 Jahre, und es wuchs der Unmut über die vielen leerstehenden

Wohnungen, mit denen Spekulanten den großen Reibach machen wollten. Die Hausbesetzer, Kraker, hatten keine politischen Ideale, sondern wollten nur ein Dach über dem Kopf. Anfang der 80er Jahre begannen die gewalttätigen Auseinandersetzungen zwischen Polizisten und Hausbesetzern, die sich über Monate hinweg harte Kämpfe lieferten und für Schlagzeilen in der Weltpresse sorgten. Immer wieder verbarrikadierten sich die Krakers in den besetzten Häusern, und die Polizei mußte mit Gewalt räumen. Am Anfang fanden die Hausbesetzer unter der Bevölkerung noch viel Sympathie, aber im Laufe der Zeit hatten die Amsterdamer Bürger von den gewalttätigen Aktionen genug, und die Krakers gerieten ins gesellschaftliche Abseits. Heute gibt es zwar noch eine Hausbesetzer-Szene, die aber recht harmlos ist.

Drogenpolitik

Amsterdam ist die einzige Stadt weltweit, in der man Haschisch und Marihuana offiziell in Läden, den "Coffeeshops", kaufen kann. Aber: das ist nicht legal, es wird nur geduldet. Bis zu 30 g, für den persönlichen Bedarf, werden toleriert und nicht geahndet, aber der Besitz von größeren Mengen ist strafbar. Die relativ großzügige Handhabung war und ist den Nachbarländern (vor allem Deutschland) ein Dorn im Auge, und es wird eine Angleichung an die europäischen Gesetze gefordert. Mit Argusaugen beobachten konservative Hardliner in der Bundesrepublik die niederländische Drogenpolitik, immer auf der Suche nach Argumenten gegen diese liberale Handhabung. In den 80er Jahren wurden die berüchtigten Viertel auf dem Zeedijk und dem Nieuwmarkt "gesäubert". Die Stadt sorgte für Räume, in denen die Abhängigen ihre Nadeln wechseln können. Außerdem besteht das Angebot an die Drogenabhängigen, in Methadon-Programme einzusteigen. Innerhalb Europas haben Drogensüchtige in den Niederlanden die besten Chancen, resozialisiert zu werden. Die Rate der HIV-Infizierten ist hier am niedrigsten.

Im November findet alljährlich der "Cannabis Cup" statt. Ein Komitee testet den Geschmack und die Wirkung des Dopes. Die Auszeichnung entspricht einem Stern im Michelin, und die Coffeeshop-Besitzer sind ganz scharf auf diese Auszeichnung.

Coffeeshop Extase

Achtung:

keine Drogen auf den Straßen kaufen! Joints wirklich nur da rauchen, wo es erlaubt ist.

Minderheiten

Die Niederländer waren schon immer für ihre Toleranz gegenüber anderen und andersdenkenden Menschen bekannt. Bereits im 17. Jh. kamen die ersten Einwanderer in die damals noch kleine Stadt Amsterdam. Aber gegen Ende des 20. Jhs. haben auch die Niederlande mit Rassismus zu kämpfen.

In Amsterdam leben offiziell ungefähr 725 000 Menschen, die Minderheiten machen ungefähr 30 % der Bevölkerung aus. Als 1975 Niederländisch-Guayana - das heutige Suriname -, in die Unabhängigkeit entlassen wurde, verließen Tausende Surinamesen ihr Land in der Hoffnung auf mehr Wohlstand. Heute leben ungefähr 65 000 Surinamesen in Betonbauten am Stadtrand von Amsterdam.

Auch die Niederlande holten in den 60er Jahren Gastarbeiter ins Land. Ca. 80 000 Türken und Marokkaner leben in Amsterdam. Aufgrund der Sprache ist für sie die Eingliederung wesentlich schwieriger als für die englischsprechenden Surinamesen. Ungefähr 25 000 Indonesier, 13 000 Auswanderer von den Niederländischen Antillen in der Karibik und 20 000 Deutsche hat es nach Amsterdam verschlagen.

Free Amsterdam

Amsterdam gehört nicht zu den teuersten europäischen Großstädten, aber dennoch fließt einem das Geld durch die Hände.

Möglichkeiten, sich kostenlos zu amüsieren: Straßenkünstler und sonstiges

"Das wahre Theater findet auf der Straße statt" (Charlie Chaplin). Ein Besuch in einem Café ist zwar nicht ganz kostenlos, aber man kann Stunden hier sitzen, ohne daß man von den Kellnern gedrängt wird, noch etwas zu bestellen. Und dabei gibt es vieles zu sehen... Besonders die Straßenkünstler zeigen zum Teil hervorragende Darbietungen.

Musik und Theater

Orchesterproben kann man in der "Stopera" dienstags von 12 - 13 Uhr und in der "Concertgebouw" mittwochs 12 - 13 Uhr hören.

Die Carillon Melodien der verschiedenen Türme (siehe "Carillons") sind sehr eindrücklich.

Kostenlose Open-air-Konzerte und Theatervorführungen finden im Sommer im Vondelpark statt.

Kostenlose Jazz-Sessions gibt es im "Café Alto", Korte Leidsedwaarsstraat 115, in der "Bourbon Street", Leidsekruisstraat 6, und in der "Bamboo Bar", Lange Leidsedwarsstraat 64.

Experimentelle Musik wird im "Café De IJsbreker", Weesperzijde 23, gespielt.

Museen

Multatuli Museum

Der Schriftsteller Eduard Douwes schrieb im 19. Jh. unter dem Pseudonym "Multatuli". Er prangerte in seinem wichtigsten Werk "Max Havelaar" die Ausbeutung der Kolonialländer an. Ihm ist dieses Museum gewidmet. Di, Sa und So 10 - 17 Uhr. Korsjespoortsteeg 20.

Geelvinck Hinlopen Huis

Die typischen Möbel aus dem 17. Jh. vermitteln einen guten Eindruck von der damaligen Lebensweise. Es ist nicht so pompös wie das Museum Willet-Holthuysen, aber dennoch sehenswert. Di - Sa 12 - 17 Uhr. Vijzelstraat 518.

Geels & Co

Im gleichnamigen Kaffee- und Teeladen befindet sich ein kleines Museum, in dem Maschinen und allerlei Zubehör ausgestellt werden. Di 14.00 - 16.00 Uhr, Fr und Sa 14.00 - 16.30 Uhr. Warmoesstraat 67.

Hollandse Schouwburg

Das Holländische Theater wurde 1893 gebaut und ist heute eine Gedenkstätte für die über 100 000 ermordeten Juden. Es diente als

Sammellager, bevor sie in die KZs verschleppt wurden. Im oberen Stockwerk wird die Entwicklung des 2. Weltkrieges und des Holocaust sowie die Geschichte der "Hollandse Schouwburg" in ihrer Theaterzeit erläutert. Täglich 11 - 16 Uhr. Plantage Middenlaan 24.

Max Euwe Center

Die Ausstellung ist nur Schachfans zu empfehlen. Sie zeigt die Geschichte und Entwicklung des Schachs sowie die Karriere des niederländischen Weltmeisters Max Euwe. Schachbretter stehen zur Verfügung, oder man kann den Computer herausfordern. Di - Fr 10.30 - 16.00 Uhr, Max Euweplein 30.

Six Sammlung

Die private Kunstsammlung des reichsten Mannes der Stadt, Jan Six (1618 - 1700), kann zwar besichtigt werden, aber Baron Six, der hier lebt, legt großen Wert auf sein Privatleben. Man muß zuerst ins Rijksmuseum gehen und sich dort eine Eintrittskarte besorgen. Dabei ist der Ausweis vorzulegen. Geführte Touren am Mo, Mi und Fr 10 und 11 Uhr. Amstel 218.

Stedelijk Museum Bureau

Ausstellungen von noch unbekannten Künstlern und Multi-Media-Installationen. Di - So 11 - 17 Uhr, Rozenstraat 59.

Diamantenschleifereien

Die Diamantenverarbeitung ist ein Industriezweig, der von jüdischen Geschäftsleuten im 17. Jh. gegründet wurde. Die niederländischen Kolonien in Südafrika hatten große Vorkommen, im 19. Jh. blühte der Handel und boomte die Industrie. Auch wenn das nötige Kleingeld für den Kauf eines Diamanten fehlt, ist es doch interessant, einige Hintergrundinformationen über die Verarbeitung oder Preise zu bekommen und beim Schleifen und Polieren zuzuschauen. Einige Schleifereien bieten kostenlose Führungen durch ihr Haus an:

Amsterdam Diamond Center, Rokin 1, Tel. 624 5787;
Gassan Diamands, Nieuwe Uilenburgerstraat 173-175, Tel. 622 5333;
Costers Diamands, Paulus Potterstraat 2-6, Tel. 676 2222;
Van Moppes & Zoon, Albert Cuypstraat 2-6, Tel. 626 1242.

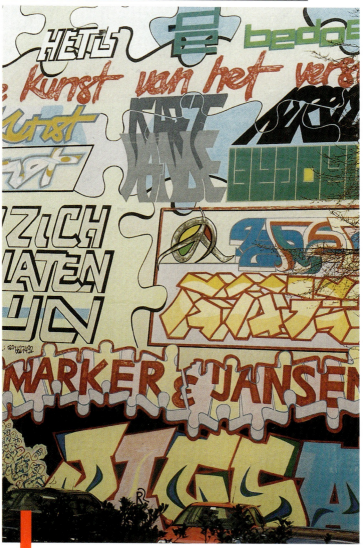

Free Amsterdam

Kunst umsonst: Graffitis unbekannter
Künstler

Und sonst noch

Eine Fahrt mit der Fähre über das IJ dauert zwar nur einige Minuten, bietet aber eine schöne Sicht auf den alten Hafen. Abfahrt ist hinter dem Bahnhof.

Die Reitschule "Hollandse Manege" ist nach dem Vorbild der Spanischen Hofreitschule in Wien gebaut worden. Sie ist nicht nur für Pferdesportler interessant, sondern auch für Architekturinteressierte, denn die Einrichtung ist seit dem Bau im Jahre 1882 unverändert.

In der Passage des Begijnhofes und dem Historisch Museum sind Gemälde von Schützengilden des 17. Jhs. ausgestellt.

Die Rembrandt-Bilder kann man sich zwar nicht umsonst anschauen, aber im Garten des Rijksmuseums stehen viele Skulpturen.

Parks

Der schönste und beliebteste Park ist der Vondelpark. 1864 wurde die Planung von wohlhabenden Bürgern in Auftrag gegeben, und noch heute profitieren die Amsterdamer von dieser Idee. In der Hippie-Zeit war der Park eine Art Open-Air-Schlafplatz, mit offizieller Genehmigung der Stadt, die Toiletten und Duschen aufstellte. Hier gibt es Alleen, Teiche und Wiesen, auf denen Kühe, Schafe und Ziegen grasen. An den schönen Wochenenden trifft sich hier Jung und Alt, und besonders vom Juni bis August locken die kostenlosen Freilichtaufführungen die Menschen an. Stadhouderskade.
Etwas außerhalb liegt der Amstelpark, der für seine vielfältige Blumen- und Pflanzenwelt bekannt ist. Sehenswert ist die Rieker Windmühle aus dem Jahre 1638. Im Park herrscht gediegene Atmosphäre, Fahrradfahren ist verboten. Europaboulevard.

Der Amsterdamse Bos ist mit 880 ha das größte Naherholungsgebiet Amsterdams. Die Anlage ist in den 30er Jahren im Rahmen einer Arbeitsbeschaffungsmaßnahme entstanden. Am Eingang gibt es einen Fahrradverleih, und es lohnt sich, auf den insgesamt 45 km langen Fahrradwegen herumzuradeln. Auch Kanus können

geliehen werden, Minigolf, ein Freilichttheater. Im Bosmuseum, in
der Koenenkade 56, gibt es detaillierte Pläne. Amstelveenseweg.

**Ganz originell ist die Anfahrt vom Haarlemmermeer-
station mit einer nostalgischen Straßenbahn, die bis
in den südlichen Teil fährt.**

**Der Sarphatipark liegt in der Nähe des Albert Cuyp-
marktes und bietet sich nach einem strapaziösen
Bummel zum Erholen an.**

**Mehr als 6000 Pflanzen wachsen in dem 400 Jahre alten
botanischen Garten, dem Hortus Botanicus. Rosengär-
ten und Gewächshäuser; Eintritt f 7,50. Rapenburg 73.**

Das sind ja schöne Aussichten

Der 85 m hohe Turm des Westertoren bietet einen herrlichen Ausblick auf die Altstadt und den Jordaan.
Das Wahrzeichen der Stadt ist der Turm der
Zuiderkerk, der im Sommer zugänglich ist. Zandstraat
1. Und noch eine Kirche bietet eine gute Aussicht:
die Oudekerstoren, Oudekerksplein.
Das Kaufhaus Metz & Co, Keizersgracht 455, hat im 6.
Stock eine elegante Dachterrasse, von der man eine
schöne Aussicht genießen kann.

Touren

Organisierte Touren

Das GVB bietet eine 1 1/2stündige Tramtour zu den
Sehenswürdigkeiten im Stadtzentrum. Sie startet
von Juni - September alle 30 Minuten vom Victoria
Hotel in der Nähe des Bahnhofes. Das Ticket kostet
f 10, und es besteht die Möglichkeit, an beliebigen Stellen aus- bzw. einzusteigen.

Stadtrundfahrten mit dem Bus organisieren "Keytours", Dam 19, Tel. 623 5051; "Holland International", Damrak 90, Tel. 625 3035. Im Preis von f 45 ist ein Besuch im Rijksmuseum und die Besichtigung einer Diamantenfabrik eingeschlossen, und nach dreieinhalb Stunden seid ihr wieder entlassen. "Lindbergh Tours", Damrak 26, Tel. 622 2766, startet täglich um 10.00 und 14.30 Uhr und ein Ticket kostet f 27,50.

Fahrradtouren durch die Stadt organisiert "Yellow Bike", Nieuwezijds Kolk 29, Tel. 620 6940. Die Touren beginnen täglich um 9.30 und 13.00 Uhr, dauern drei Stunden und kosten f 29. Auf Wunsch werden auch Ganztagstouren und Stadtrundgänge organisiert. Bei "Amsterdam Travel & Tours", Dam 10, Tel. 627 6236, dauert eine Fahrradrundfahrt zwei Stunden und kostet f 35.

Maximal 12 Personen können an der "Smoke Boat Cruise" teilnehmen. Täglich um 15.00 und 22.30 Uhr legt es zu einer 90minütigen Tour ab. Im Preis von f 15 ist ein Getränk inklusive. Abfahrt ist beim Boom Chicago's Theater, Lijnbaansgracht 238, Tel. 639 2707.
Mit der Fähre könnt ihr Amsterdams nostalgische Seite kennenlernen. Sie legt vom Pier 8 hinter dem Bahnhof ab. Von Mitte April bis Mitte Oktober fährt sie täglich um 11.00, 12.45, 14.30 und 16.15 Uhr. Die Fahrt dauert ungefähr zwei Stunden und kostet f 9.

Vor dem Bahnhof und entlang des Damraks gibt es zahlreiche Veranstalter, die einstündige Kanaltouren für ungefähr f 15 anbieten.

Tip:

Wenn ihr in einer Jugendherberge übernachtet, kauft am besten dort ein Ticket, dann bekommt ihr 15 % Rabatt.

"Amsterdam Walking Tours", kulturelle und historische Führungen, Tel. 640 9072
"Artifex", Kunstgeschichte, Tel. 620 8112
"Archivisie", Architektur, Tel. 625 8908
"Camille's Pleasure Tours", Rotlichtviertel, Tel. 675 2822

Das älteste Kino der Stadt: Tuschinski

Museen

Für die vergleichsweise kleine Stadt gibt es verhältnismäßig viele Museen, und sicherlich ist für jeden Geschmack etwas dabei. Aber das interessanteste Museum ist die historische Altstadt mit ihren alten Häusern.
Im "Museumsviertel" befinden sich die bedeutendsten Museen - das Stedelijk-, Rijks- und Van-Gogh-Museum, die zu den besten Museen der Welt gezählt werden.

Wenn man mindestens drei oder vier Museen besuchen möchte, lohnt sich eine **museumjaarkaart.** Diese Museums-Jahreskarte kostet f 45 und berechtigt zu kostenlosem Eintritt in allen Museen der Niederlande. In wenigen Museen, z. B. im Anne Frank Huis, gelten die Karten nicht. Die Fremdenverkehrsbüros oder das Museum stellen die Karte aus - Paßfoto nicht vergessen. Eine Alternative für Leute unter 26 ist der Cultureel Jongeren Passport, CJP, der f 20 kostet und Preisnachlässe in Museen, Theatern und bei Konzerten verschafft.

Der "Amsterdam Culture & Leisure Paß" ist beim Verkehrsverein für f 30 erhältlich. Die Gutscheine berechtigen zu vergünstigten Eintritten.

Das Museumboot steuert die verschiedenen Museen an. Zwischen 10 und 17 Uhr fährt es in 30minütigen Abständen (im Winter alle 45 Minuten) vor dem Centraal Station ab und hält an sieben Stellen: Anne Frank Huis, Historische Museum, Rijksmuseum, van Gogh- und Stedelijkmuseum, Rembrandthaus, Jüdische Museum A. Ein Tagesticket kostet f 22, mit Museumskarte nur f 16. Ticketbüro und Abfahrt ist am Centraal Station. Tickets können aber auch gegenüber dem Rijksmuseum gekauft werden.

Special Price:
Tagesticket inklusive Kanalfahrt und Eintritt in das Wachsfigurenkabinett Madame Tussaud´s kostet f 27,50.

Museen von A - Z

Allard Pierson

In dem Universitätsmuseum sind umfangreiche archäologische Funde ausgestellt, die mit guten Hintergrundinfos dokumentiert werden. Highlights sind der griechische Streitwagen, Götterstatuen, Mumien, Schmuckstücke und Grabschätze.

Oude Turmarkt 127, Tel. 525 2556, Di - Fr 10 - 17, Sa und So 13 - 17 Uhr, f 6, Studenten f 4,50.

Amsterdam Historisch Museum

Darstellung der Stadtgeschichte vom mittelalterlichen Fischerdorf bis zur Großstadt im 20. Jh. Schwerpunkte sind der Handel und die Kultur des Goldenen Zeitalters im 17. Jh. Zu den Attraktionen zählen die riesigen Gruppenporträts der Schützengilde. Seit 1580 lebten in dem Lucienkloster Waisenkinder, das Museum wurde erst 1960 hier eröffnet.

Kalverstraat 92, St. Luciensteeg 27 oder Nieuwezijds Voorburgwal 357, Tel. 523 1822, Mo - Fr 10 - 17 Uhr, Sa und So 11 - 17 Uhr, f 8.

Anne Frank Huis

Das beeindruckende, weltberühmte Tagebuch der Anne Frank gehört zur Pflichtlektüre in den Schulen. Es ist ein beklemmendes Gefühl, wenn man sich vorstellt, wie sich acht Juden zwischen Juli 1942 und August 1944 in den beengten Räumlichkeiten verstecken mußten. Nach einer Denunziation wurde die Familie entdeckt und abgeführt. Die Franks starben nur wenige Wochen vor Kriegsende im KZ Bergen-Belsen. Nur der Vater von Anne Frank überlebte die Tragödie. Er entdeckte das Tagebuch und veröffentlichte es. Das Buch wurde in 54 Sprachen übersetzt. Bei einem Besuch im Anne Frank Huis erhält man Hintergrundinformationen zum 2. Weltkrieg. Wechselnde Ausstellungen informieren über Rassismus, auch ein biographisches Video wird gezeigt. Seit 1957 gehört das Haus einer Stiftung, die sich für Menschenrechte einsetzt.

Prinsengracht 263, Tel. 626 45 33, Mo - Sa 9 - 17 Uhr, So 10 - 17 Uhr (Juni - August bis 19 Uhr geöffnet), f 10. Aber: die Warteschlangen sind lang - am besten früh morgens oder abends vor der Schließung hingehen.

Museen

Nederlands Filmmuseum

Außergewöhnliche Filme im Originalton, zum Teil mit englischen Untertiteln, oder alte Klassiker, die manchmal mit Live-Musik begleitet werden. Im Sommer am Samstagabend kostenloses Freiluftkino. Als die Bilder laufen lernten - Entwicklung des Films bis in die heutige Zeit. In der Bibliothek dreht sich alles um den Film. Vondelpark 3, Tel. 589 1400, das Museum hat täglich von 10 - 17 Uhr geöffnet, f 11.

Das Café Vertigo ist ein beliebter Treffpunkt und ein idealer Spot, um Leute zu beobachten.

Van Gogh Museum

Das Museum öffnete erst 1973 seine Pforten und zeigt eine umfangreiche Sammlung von 200 Gemälden, 500 Zeichnungen und 850 Briefen, die von van Goghs Bruder Theo zusammengetragen wurden. Van Gogh (1853 - 1890) wurde erst nach seinem Tod berühmt. Zu Lebzeiten war er arm wie eine Kirchenmaus und litt an chronischer Unterernährung. Wie ein Besessener arbeitete er Tag und Nacht. Bei einem Streit mit Gauguin schnitt er sich ein Ohr ab und wurde wegen seiner geisten Verwirrtheit in eine Anstalt eingewiesen. Mit 37 Jahren erschoß er sich. Die Bilder im Museum sind chronologisch angeordnet, so daß der Besucher die künstlerische Entwicklung des Malers gut nachvollziehen kann.

Paulus Potterstraat 7, Tel. 570 5200, täglich 10 - 17 Uhr, f 12,50.

Nationaal Luchtvaartmuseum Aviodome

Im futuristischen Pavillon des Luft- und Raumfahrtmuseums sind zahlreiche Flugzeuge ausgestellt, darunter der erste motorisierte Flieger aus dem Jahre 1903, verschiedene Fokker-Flugzeuge und amerikanische Space Shuttles. Die Geschichte der Fliegerei wird auf Videos dargestellt, und am Simulator kann man das Fluggefühl selbst erleben. Westelijke Randweg 1, Schiphol Centrum am Flughafen. Am Bahnhof ist ein "all-in-ticket" erhältlich, das die Zugfahrt, den Eintritt, Kaffee und Kuchen an der Schiphol-Zugstation beinhaltet. April - September täglich 10 - 17 Uhr, Oktober - März Di - Fr 10 - 17 Uhr, Sa und So 12 - 17 Uhr, f 7,50.

Rembrandthuis

Der Künstler wohnte auf dem Höhepunkt seines Schaffens von 1639 - 1658 in dem schönen alten Backsteinhaus. Er konnte nicht mit Geld umgehen, machte hohe Schulden und mußte schlußendlich hier auszuziehen, weil er die Miete nicht mehr bezahlen konnte. Die Sammlung seiner Radierungen ist beeindruckend. Jodenbreestraat 4 - 6, Tel. 624 9486, Mo - Sa 10 - 17 und So 13 - 17 Uhr, f 7,50.

Rijksmuseum

Das Rijksmuseum gehört zu den Highlights von Amsterdam. Es hat den Ruf, weltweit die beste Sammlung niederländischer Kunst zu besitzen, und diese kann man nicht an einem Tag anschauen. Am besten, man bewaffnet sich mit einer Broschüre und setzt Schwerpunkte.

Die Ähnlichkeit mit dem Amsterdamer Centraal Bahnhof ist nicht zu übersehen - beide Gebäude stammen vom gleichen Architekten P. J. H. Cuypers. Das Rijksmuseum ist 1885 erbaut worden. Die jeweils größten Menschenansammlungen im Museum entstehen überall dort, wo Rembrandts berühmte Werke gezeigt werden, z. B. vor dem Bild Nachtwache. Große Sammlungen der altholländischen Meister wie Steen, Vermeer und Hals sowie asiatische Kunst, Möbel, Skulpturen und vieles mehr, das auf 200 Räume verteilt ist. Videos erläutern in mehreren Sprachen die Kunst des 20. Jhs.. Für f 7,50 kann man sich einen Walkmann mit Cassette leihen, auf der die wichtigsten Werke erläutert werden.

Stadhouderskade 42, Tel. 673 2121, täglich 10 - 17 Uhr, f 12,50.

Scheepvartsmuseum

Wer sich für Schiffe und die Geschichte der Seefahrt interessiert, wird von dem Museum begeistert sein. Es ist in einem großen Gebäude aus dem Jahre 1656 untergebracht. Die Geschichte der Seefahrt wird anhand von Karten und Gemälden dokumentiert. Es können aber auch echte historische Schiffe und Rekonstruktionen bestaunt werden.

Kattenburgerplein 1, Di - Sa 10 - 17, So 12 - 17 Uhr, von Juni bis September ist das Museum auch montags geöffnet. f 12,50.

Stedelijk

Das Nationalmuseum für Moderne Kunst sorgt mit wechselnden Ausstellungen immer wieder für Furore. Vertreten sind unter anderem die Werke von Matisse, Cézanne, Chagall, Newmann, Warhol, Baselitz, Lichtenstein und die berühmteste Bar der Welt, "The

Museen

Beanery" von Kienholz. Beeindruckend sind die einfachen Designs und klaren Aussagen der De Stijl- Arbeiten. Bekannt ist die "Komposition in Rot, Schwarz, Blau, Gelb und Grau" (1920) von Mondriaan. Die Kunstwerke der COBRA-Bewegung stammen von Künstlern aus Kopenhagen, Brüssel und Amsterdam. Interessant sind auch die Werke von Jean Tinguely (1925 - 1991), der Müll und recyceltes Metall zu Kunstwerken verarbeitet.

Paulus Potterstraat 13, Tel. 573 2737, täglich 11 - 17 Uhr (im Sommer bis 19 Uhr); f 8.

Tropenmuseum

Schwerpunkt des Museums sind die Dritte-Welt-Länder. Der Nachbau einer nordafrikanischen Straße, eines indischen Dorfs oder eines afrikanisches Marktes vermitteln einen guten Einblick in fremde Kulturen. Separate Ausstellungen über Musik, Theater, Religion. Der Einsatz von Videos unterstützt die Eindrücke. Die Simulation von Geräuschen und Gerüchen typischer Straßen in Indien, China oder Afrika ist faszinierend. Es werden nicht nur die positiven Seiten aufgezeigt, sondern auch die Problematik des Bevölkerungswachstums oder die Vernichtung der Regenwälder thematisiert. Ein Besuch ist auch für Leute interessant, die nicht an Ethnologie interessiert sind. Guter Souvenirshop und eine umfangreiche Bibliothek mit Büchern zum Thema Dritte Welt. Im angeschlossenen Restaurant (Tel. 568 8200) werden Spezialitäten aus den verschiedenen Ländern angeboten. Im dazugehörenden Soeterijntheater, Tel. 568 8500, treten internationale Musiker oder Tanzgruppen auf und es werden Filme gezeigt.

Linnaeusstraat 2, Tel. 568 8200, Mo, Mi - Fr 10.00 - 17.00 Uhr, Di 10.00 - 21.30 Uhr, Sa und So 12.00 - 17.00 Uhr, f 10.

Museum Willet-Holthuysen

Das Haus wurde 1685 erbaut und ist nach den letzten Besitzern benannt, die 50 Jahre darin wohnten. Nach dem Tod der letzten Besitzerin im Jahre 1895 ging es auf ihren Wunsch in städtischen Besitz über. Die meisten Räume sind noch unverändert, und es ist beeindruckend, in welchem Glamour und Prunk die wohlhabenden Leute wohnten. Herengracht 205, Mo - Fr 10 - 17 Uhr, Sa und So 11 - 17 Uhr, f 5.

Museen

Museumsmix

Haje-Info oder Cannabis Info Museum

Tulpen und „Gras" haben etwas gemeinsam: beide haben eine lange Tradition. Nur kann man mit Tulpen nicht abheben.
In dem Museum ist man auf deutsche Besucher eingestellt: Geschichte, Anbau und Wirkung des Marihuanas werden mit deutschen Untertiteln erklärt. Die verschiedene Dopesorten, die auf unterschiedliche Arten geraucht werden können, werden erläutert. Klamotten und Papier aus Hanf werden gezeigt sowie die medizinischen Einsatzmöglichkeiten der Droge. Pfeifen, Bücher, Videos, viele Souvenirs; Hobbygärtner können sich hier eindecken.
Oudezijds Achterburgwal 148, Tel. 623 5961, täglich 11 - 22 Uhr, f 6, keine Museumskarte.

Sexmuseum De Venustempel

Bizzare Sammlung von Pornomaterialien. Damrak 18, täglich 10.00 - 22.30 Uhr, f 4.

Torture Museum

Ein makabrer, aber interessanter Rückblick in die Zeit der Folter, mit den verschiedensten Folterwerkzeugen. Damrak 22, täglich 10 - 23 Uhr, f 4, keine Museumskarte.

Tattoo Museum

Der Amsterdamer Tattookönig "Hanky Panky" hat in seinem Laden ein kleines Museum aufgemacht.
Das Tätowieren dient nicht nur der "Verschönerung des Körpers", es werden auch die psychologischen und anthropologischen Aspekte erläutert. Oudezijds Achterburgwal 130. Di - So 12- 18 Uhr, f 5, keine Museumskarte.

Madame Tussaud's Scenerama

Eine Kopie des Wachsfiguren-Kabinetts in London mit berühmten Persönlichkeiten aus mehreren Jahrhunderten und aus verschiedenen Bereichen sowie Amsterdamer Lokalpatrioten. Der Hit sind die Popstars, mit denen man sich fotografieren lassen kann. Dam 20, Tel. 622 9239, täglich 10.00 - 17.30 Uhr, gesalzene Preise von f 17,50.

Museen

Geels & Co. Museum

Über dem gut sortierten Shop befindet sich ein kleines Museum mit Kaffeemühlen, Teemaschinen und jeglichem Schnickschnack für den Kaffee- und Teekonsum.
Warmoestraat 67, Tel. 624 0683, Di 14.00 - 16.00, Fr und Sa 14.00 - 16.30 Uhr, Eintritt frei.

Heineken Brouwerij

Als Heineken 1864 die Brauerei übernahm, wurde hier bereits seit 300 Jahren Bier gebraut. In den 80er Jahren expandierte das Heineken-Imperium in andere Städte. Auf den Besichtigungstouren wird viel Wissenswertes über die Geschichte des Brauens erzählt. Aber noch wichtiger ist den Besuchern das anschließende Freibier. Mindestalter: 18 Jahre. Touren finden Mo - Fr 9.30 und 11.00 Uhr statt. Im Sommer zusätzlich 13.00 und 14.30 Uhr; f 2. Der Andrang ist ziemlich groß, deshalb sollte man sich früh anmelden. Stadhouderskade 78, Tel. 523 9666.

Van Loon

Die Familie Van Loon war eine reiche Patrizierfamilie, die sich Ende des 18. Jhs. in diesem Haus einquartierte, das bereits 1675 erbaut worden war. In der Wohnung befindet sich eine Kunstgalerie, und die alten Möbel vermitteln einen guten Eindruck vom Leben reicher Leuten. Keizersgracht 672, So, Mo und Di 11 - 17 Uhr, Eintritt f 7,50.

Kattenkabinett

Allergiker sollten lieber draußen bleiben. Die Katze als Kunstobjekt. Di - So 13 - 17 Uhr, f 7,50. Herengracht 497.

Theatermuseum

Ein beeindruckendes Haus, in dem Kostüme und Bühnenausstattungen an vergangene Tage erinnern. Di - So 11 - 17 Uhr, f 5, Herengracht 168.

Woonbootmuseum

Hier kann man sich einen Einblick in das Leben auf einem Hausboot verschaffen. Di - So 10 - 17 Uhr, f 3,75. Prinsengracht 296.

Museen

Joods Historisch Museum

Das Museum ist der Geschichte der Juden gewidmet. Schwerpunkte sind die jüdische Religion, der Handel und der Holocaust. Täglich 11 - 17 Uhr geöffnet, f 7. Jonas Daniel Meijerplein 2 - 4.

Holland Experience

Im November 1996 eröffnete ein sensationelles Multi-Media-Zentrum, das die Geschichte der Niederlande und Amsterdams spektakulär darstellt. Simulierte Gerüche und Geräusche, dreidimensionale Bilder und ein beweglicher Boden vermitteln das Gefühl, als sei man mitten im Geschehen. Täglich 9 - 22 Uhr, f 17,50, Waterlooplein 17.

Impuls - Science & Technology Center

Hinter dem Bahnhof steht ein riesiger Schiffsrumpf, in dem das neu eröffnete Museum untergebracht ist. Es bezeichnet sich selbst als "Zentrum der Kreativität". Dem Besucher wird die Wissensvermittlung zu fünf verschiedenen Themenkomplexen auf spielerische Weise nahegebracht. Oosterdok 2, in der Nähe des Bahnhofes, So - Do 10 - 18 Uhr, Fr und Sa bis 21 Uhr, f 22,50.

Electrische Museumtramlijn

Eine Art "fahrendes Museum" sind die nostalgischen Fahrten mit alten Straßenbahnen aus ganz Europa. Sie fahren im Sommer alle 20 Minuten von der Haarlemermeer-Haltestelle zum Amsterdamse Bos, wo gepicknickt werden kann. f 2,50, Amstelveenseweg 264.

Museen

Artis Tierpark

1838 wurde der "Natura Artis Magistra" eröffnet und ist somit der älteste Zoo Europas. 6000 Tiere sind hier beheimatet, und im Aquarium kreuchen und fleuchen 2000 Wassertiere. Das Planetarium bietet täglich fünf Vorführungen. Ferner gibt es ein Geologisches Museum, in dem die Entwicklungsgeschichte der Erde demonstriert wird, und ein Zoologisches Museum, in dem Fauna und Flora erläutert werden. April - September täglich 9 - 18 Uhr, im Winter bis 17 Uhr. Der Eintritt von f 21 berechtigt auch zum Besuch der Museen (das Planetarium kostet extra). Im September f 13 Eintritt!

Galerien

In Amsterdam gibt es eine große Anzahl von Galerien, die über die ganze Stadt verstreut sind. Aktuelle Infos über Ausstellungen sind in dem Galerieführer "Alert" oder im "Uitkrant" zu finden.

Einmal jährlich findet der größte Kunstmarkt "ART-RAI" im RAI-Kongreßzentrum statt. Im folgenden einige Vorschläge:

"Animation Art", Berenstraat 39, Tel. 627 7600, Karikaturen und Comics; "Barbara Farber", Keizersgracht 265, Tel. 627 6343, amerikanische Avantgarde und Graffiti; "Delaive", Spiegelgracht 23, Tel. 625 9087, bekannte Galerie der Stadt mit Werken von bekannten Künstlern. "Jurka", Singel 28, Tel. 626 6733, moderne Gegenwartsbilder und Fotografien. "Melkweg", Lijnbaansgracht 234a, Tel. 624 1777, gute Fotoausstellungen. "Montevideo", Spuistraat 104, Tel. 623 7101, Computerbilder und Videokunst. "Paul Andriesse", Prinsengracht 116, Tel. 623 6237, gehört mit den modernen Skulpturen und Kunstwerken zu den bedeutenden Galerien. "W 139", Warmoesstraat 139, Tel. 622 9434, Vereinigung von Studenten und unbekannteren Künstlern, die hier ihre Werke ausstellen.

KULTUR PUR

Kino

Die niederländischen Filme versetzen die Kinowelt nicht in Furore. Bekanntester Regisseur ist Paul Verhoeven, der mit "Basic Instinct" viel Erfolg hatte und mit seinen "Showgirls" für viele negative Schlagzeilen sorgte.

Die Filme werden im Originalton mit holländischen Untertiteln gezeigt.

In der Week Agenda oder De Filmkrant findet man detaillierte Auflistungen und Erläuterungen zum Kinoprogramm.

Donnerstags werden die Filme gewechselt.

Die Filme werden von 15minütigen Pausen unterbrochen (natürlich an den spannendsten Stellen).

In den Großkinos gibt es einen Vorverkauf.

Am Wochenende kosten die Tickets f 15, unter der Woche sind sie zum Teil billiger und für f 11 zu bekommen. In alternativen Zentren, filmhuizen, bekommt man ein Ticket für f 6 oder noch weniger.

Im Dezember wird das International Documentary Film Festival, Tel. 627 3329, veranstaltet.

Tip:

Das Tuschinski, Reguliersbreestraat 26, Tel. 626 2633, ist nicht nur ein Kino, sondern ein kleiner Palast mit einer absolut beeindruckenden Art-deco-Einrichtung, die man sich unbedingt anschauen sollte. Nach der Eröffnung im Jahre 1926 wurden die Stummfilme noch von Orchestermusik begleitet. Wenn die Königin in das Kino geht, sitzt sie im 1. Rang. Vielleicht möchte jemand die Gelegenheit nutzen, auf einem "königlichen" Stuhl zu sitzen? Das Kriterion, Roetersstraat 170, Tel. 623 1709, zeigt vorwiegend Kultfilme und ist bei Studenten sehr beliebt. Eine nette Bar ist angeschlossen. De Uitkijk, Prinsengracht 452, Tel. 623 7460, ist das älteste Kino der Stadt in einem alten Kanalhaus, das vorwiegend Filmklassiker zeigt. Kein Popcorn, kein Eis und keine Bar - dafür günstige Preise. Avantgardistische Filme und Retrospektiven werden im Desmet, Plantage Middenlaan 4A, Tel. 627 3434, gezeigt. The Movies, Haarlemmerdijk 161, Tel. 624 5790, ist ein tolles Art-déco-Kino mit gutem Restaurant und Bar. Das kleine, aber sehr gute Cavia, Van Hallstraat 52, Tel. 681 1419, zeigt ausgefallene, nichtkommerzielle Filme. Das Filmmuseum, Vondelpark 3, Tel. 589 1400, bietet dem Zuschauer ein buntes Potpourri von seltenen Filmen. Stummfilme werden live begleitet, und im Sommer werden die Filme unter Sternenhimmel gezeigt. Im Rialto, Ceintuurbaan 338, Tel. 675 3994, sind Retrospektiven und Reihen mit speziellen Themen die Schwerpunkte.

Theater

In Amsterdam gibt es über 50 Bühnen. Nur wenige Stücke werden in englischer Sprache aufgeführt.

Amsterdamse Bos Theatre, Tel. 638 3847, großes Open-air-Amphitheater, das in den Sommermonaten geöffnet hat. **De Balie**, Kleine Gartmanplantsoen, Tel. 623 2904, zeigt internationale Produktionen für ein intellektuelles Publikum. **Theater Bellevue**, Leidsekade 90, Tel. 624 7248, ist auf experimentelles Theater und Tanz spezialisiert. Komödien in englischer Sprache werden im

Kultur pur

Boom Chicago, Korte Leidsedwarstraat 12, Tel. 422 1776, gespielt. Im **Koninklijk Theater Carré**, Amstel 115 - 125, Tel. 622 5225, werden neben Theaterstücken auch klassische Konzerte und Musicals aufgeführt.

In **De Kleine Komedie**, Amstel 56, Tel. 624 0534, werden seit 200 Jahren Theaterstücke gezeigt. Die Kabarettaufführungen, Tanz- und Theatervorstellungen sind meistens über Wochen ausverkauft. Das **Stadsschouwburg**, Leidseplein 26, Tel. 624 2311, ist das schönste Theater der Stadt mit nationalen und internationalen Klassik-Aufführungen. In dem **ehemaligen Fabrikgelände der Westergasfabriek**, Haarlemmerweg 8 - 10, wird ein breites Spektrum an Theater, Musikperformances und Festivals aufgeführt. Das **Soeterijn Theatre**, Linnaeusstraat 2, hat sich auf Dritte-Welt-Produktionen spezialisiert.

Sonstiges

De Balie, Kleine Gartmanplantsoen 10, Tel. 623 2904, ist ein Zentrum internationaler Kultur, in dem Musik, Literatur, Diskussionen stattfinden. Gute Improvisationen der Akteure im Boom Chicago, Lijnbaansgracht 238, Tel. 639 2707, bringen die Zuschauer zum Lachen. Die klassischen Aufführungen werden im Marionette Theatre, Nieuwe Jonkerstraat 8, Tel. 620 827, von Marionetten begleitet.

Klassische Musik

Das Concertgebouw ist für seine gute Akustik bekannt und gehört mit zu den besten Konzertsälen der Welt. Internationale Orchester gehören zum Standardprogramm, dementsprechend ist es auch schwierig, an Karten heranzukommen. Concertgebouwplein 2-6, Tel. 671 8345. Tip: Von September bis Mai können Interessierte am Mittwochnachmittag kostenlos an den Proben teilnehmen. Die Türen öffnen 12.15 Uhr, früh dasein!

Das Muziektheater (Opernhaus) ist für seine klassischen Konzerte sowie Ballettaufführungen des Niederländischen Nationalballetts bekannt. Waterlooplein 22, Tel. 625 5455. Die ehemalige Börse Beurs van Berlage, Damrak 213, Tel. 627 0466, ist die Heimat des Niederländischen Philharmonischen Orchesters.

Kultur pur

Kultur pur

50er Jahre bei Norman Automatics

Feiertage

1. Januar, Eerste Paasdag (Ostermontag), 30. April Koninginnedag (Geburtstag der Königin), 5. Mai Bevrijdingsdag (Tag der Befreiung), Hemelvaartsdag (Christi Himmelfahrt), Pinksteren (Pfingsten), 25. und 26. Dezember Eerste und Tweede Kerstdag

Special

Events, die jährlich stattfinden und Spaß versprechen

Während des Jahres gibt es unzählige Festivals und „special events" - besonders attraktiv sind in den Sommermonaten die Open-air-Konzerte im Vondelpark.

Alle paar Jahre frieren die Grachten zu. Dann packen die Amsterdamer ihre Schlittschuhe aus. Beim Elfstedentocht wetteifern die schnellsten Schlittschuhläufer aus elf holländischen Städten miteinander.

Februar

Sechs Wochen vor Ostern wird Carneval gefeiert und der Winter vertrieben. Am 25. Februar, Februaristaking, wird der Proteste der Werftarbeiter gedacht, die gegen den Abtransport der Juden im 2. Weltkrieg protestierten. Am Monument "De Dokwerker" werden Reden gehalten und Kränze niedergelegt.

März

Stille Omgang: Im Mittelalter spuckte ein Sterbender eine Hostie in ein Feuer, die aber nicht verbrannte. Dieses Wunder wird alljährlich bei der Wallfahrt am 2. Sonntag gefeiert.
Mehr Action verspricht in der dritten Woche das Blues Festival im Meervaart Theater, Osdorpplein 205, Tel. 610 7498.

April

Mitte April können beim Nationaal Museumweekend alle Museen in den Niederlanden kostenlos besucht werden. Nähere Auskünfte unter Tel. 670 1112.
Am 30. April strömen Hunderttausende in die Stadt, um mit Königin Beatrix Geburtstag zu feiern. Straßenparties, Märkte, Live-Musik und abends ein riesiges Feuerwerk.

Von April bis August finden im Vondelpark Open Air Theatre kostenlose Tanz-, Theater- und Performanceaufführungen statt.

Mai

Am 4. Mai, dem Herdenkingsdag, wird mit Gedenkfeiern und zwei Schweigeminuten der Opfer des Zweiten Weltkrieges gedacht. Am 5. Mai feiern die Niederländer beim Bevrijdingsfestival das Ende der deutschen Besatzung mit Festen, Märkten, Musik und anderen kulturellen Veranstaltungen. Der Vondelpark ist eine gute Adresse. In der ersten Woche finden beim Oosterparkfestival, im nahegelegenen Park des Tropenmuseums, internationale Veranstaltungen zur Völkerverständigung statt.

Beim Nationalen Molendag können am 2. Samstag die Windmühlen besichtigt werden.

Während des ganzen Monats werden bei der World Press Photo die weltbesten Pressefotos in der Nieuwe Kerk ausgestellt.

Ende Mai findet das Drum Rhythm Festival mit viel Jazz und Blues im Kulturzentrum De Melkweg statt. Nähere Infos sind beim Uit Buro, Tel. 621 1211, erhältlich.

Juni

Das Holland Festival ist das bedeutendste Festival der Niederlande. Während des ganzen Monats treten einheimische Musiker mit internationalen Künstlern auf. Parallel dazu viele Tanz-, Kabarett-, Theater- und andere Aufführungen. Infos: Stichting Holland Festival, Tel. 627 6566.

Ende Juni treten beim World Roots Festival im Kulturzentrum De Melkweg internationale Gruppen mit verschiedensten Vorführungen auf.

Juli

Mitte Juli findet in Den Haag (bequem mit dem Zug anzufahren) das große North Sea Jazz Festival statt.

In der letzten Woche wird beim internationalen Festival Zomerfestijn modernes Theater, Musik und Tanz vorgeführt.

August

In der letzten Woche zeigen Theater-, Tanz- und Performancegruppen auf dem Uitmarkt kostenlose Ausschnitte aus ihren neuen Programmen.

Ende August spielt ein klassisches Orchester beim Princengrachtconcert vor dem Pulitzer Hotel.

Kultur pur

September

Beleuchtete Kanus und Kajaks gondeln in der 1. Woche bei der Kano Toertocht door de Grachten durch die Kanäle.

Am 1. Samstag im September sind die Boote nicht mit Lichtern, sondern mit Blumen geschmückt. Der Bloemencorso zieht alljährlich Tausende Besucher an.

Im Jordaan-Viertel werden in der 2. und 3. Woche beim Jordaan Festival Straßenfeste und Talentwettbewerbe veranstaltet.

Beim Monumentendag können am zweiten Samstag historische Bauten, die sonst der Öffentlichkeit nicht zugänglich sind, besichtigt werden. Ende September treffen sich die in Amsterdam lebenden Chinesen auf dem Nieuwmarkt zur Chinesischen Woche mit Musik, Tanz und Film.

Am letzten Sonntag zieht es die Marathonläufer in die Stadt.

November

Am 2. oder 3. Samstag kommt der St. Nicolaas mit dem Schiff aus Spanien, sattelt dann auf einen Schimmel um und verteilt mit seinen schwarzen Helfern, den Zwarte Pieten (Schwarze Peter), Pfeffernüsse.

Dezember

Die Kinder bekommen am 5. Dezember, dem Sinterklaasavond oder Pakjesavond, ihre Geschenke. Es werden kleine Verse gedichtet, die den Beschenkten charakterisieren.

Der Jahreswechsel wird mit großen Feuerwerken gefeiert. Viele Bars und Restaurants haben bis zum nächsten Morgen geöffnet.

STADTMEDIEN

Stadtmagazine

Das kostenlose Uitkrant erscheint monatlich und informiert über alle aktuellen Events und kulturellen Highlights. Das Magazin liegt beim Uitburo, am Bahnhof, Bars, Restaurants und in Museen aus. Einziger Nachteil: es ist auf holländisch geschrieben. What´s On in Amsterdam erscheint alle drei Wochen in englisch und kostet f 3,50. Es ist beim VVV, in großen Buchläden, Restaurants und in vielen Hotels erhältlich. Ausführliche Infos mit Hintergrundstories in englischer Sprache findet ihr im Time out; auch im Internet unter http://www.time-out.nl.

Zeitungen

In vielen Cafés gibt es Lesetische mit ausländischen Zeitungen. Wer sich eine kaufen möchte, erhält die wichtigsten ausländischen Tageszeitungen an allen guten Kiosken im Stadtzentrum. Die größte Tageszeitung ist der konservative De Telegraaf mit einem Sensations- und umfangreichen Wirtschaftsteil. De Volkskrant ist eine linke, progressivere Tageszeitung, und die Intellektuellen lesen das NRC Handelsblad.

Fernsehen

90 % der Haushalte sind verkabelt und empfangen die internationalen Programme. Spielfilme werden im Originalton mit Untertiteln gezeigt. AT 5 heißt die lokale Fernsehstation.

Unterkunft

Das Übernachten reißt bei den meisten Reisenden das größte Loch in den Geldbeutel. Unterkünfte gibt es in allen Preiskategorien: von Mehrbettzimmern in Jugendherbergen bis zu Luxusunterkünften in schönen restaurierten Zimmern mit charmanter Ausstattung.

Egal, für welche Preiskategorie man sich entscheidet, es empfiehlt sich auf jeden Fall, die Reise rechtzeitig zu planen und Unterkünfte zu buchen. Das spart viel Zeit und Ärger - besonders an Ostern, Weihnachten und während der Tulpenzeit im April und Mai sowie im Juli und August.

Der günstigste Preis in Jugendherbergen beginnt bei f 20, und für ein Hotelzimmer der unteren Preisklasse legt man mindestens f 80 hin, manchmal inklusive einem Minifrühstück. Die Hotels sind meistens sehr klein - wenn sie mehr als 20 Zimmer haben, bezeichnen sie sich bereits als "groß". In der unteren Preiskategorie sind die Duschen und Toiletten meistens auf dem Flur, aber da die meisten Hotels über wenige Zimmer verfügen, muß man die sanitären Anlagen nur mit wenigen Leuten teilen. Persönliche Atmosphäre gehören bei Bed & Breakfast zum Standard. Bei Interesse kann man sich eine umfangreiche Liste mit sämtlichen B&Bs in den Niederlanden bei Holiday Link, PO Box

70160, 9704 AD Groningen, Tel. 050/313 4545, Fax 050/313 3177, anfordern. **Infos zu Übernachtungen auf Hausbooten** erteilen Leidseplein Apartments, Korte Leidsewarsstraat 79, 1017 PW Amsterdam, Tel. 627 2505, Fax 623 0065.

Achtung:

Ihr könnt beim VVV Zimmer buchen lassen. Dafür verlangen sie f 5 Kommission und ein Deposit für das Zimmer in Höhe von f 10.

Am Bahnhof erwarten euch einige "Hotelschlepper". Laßt euch nicht von diesen zu einer Kaschemme führen, wo ihr abgezockt werdet.

Jugendherbergen

Eine sehr beliebte Jugendherberge ist der Vondelpark, direkt am Park gelegen. Mitglieder bezahlen für die Übernachtung im 12-Betten-Schlafsaal f 28, Nichtmitglieder f 33, inklusive einfachem Frühstück. Insgesamt 350 Betten. Es können auch EZ, DZ und 6-Bettzimmer gebucht werden. Eine Bar, Restaurant, Küche und Fernsehraum stehen den Gästen zur Verfügung. Um 2 Uhr werden die Türen geschlossen. Zandpad 5, Tel. 683 1744.

Die Jugendherberge Stadsdoelen liegt in der Nähe des Rotlicht-Bezirkes. In der Hochsaison haben Mitglieder Vorrang und diese bezahlen f 26. Kloveniersburgwal 97, Tel. 624 68 32, Fax 639 1035. Das Arena Budget Hotel ist ein riesiger Komplex mit 600 Betten, die im Sommer alle belegt sind. Im Sommer kostet die Übernachtung f 22,50, im Winter f 20. Die DZ kosten f 105/f 95 im Sommer/Winter, inklusive eigener Dusche und Toilette (Schlafsack f 5). Im Café/Bar können Kontakte zu anderen Travellern geknüpft werden, und im Veranstaltungssaal heizen Live-Bands die Stimmung an. Der Vorteil: es hat rund um die Uhr geöffnet. Der Putztrupp möchte zwischen 11 - 15 Uhr niemanden im Haus sehen. Außerdem können hier Fahrräder gemietet werden. 's-Gravesandestraat 51, Tel. 694 7444, Fax 663 2649.

10 Minuten vom Bahnhof entfernt liegt Bob's Youth Hostel. Seit vielen Jahren bei Rucksacktouristen ein beliebter Treffpunkt. Das Bett kostet f 22 inklusive Frühstück. Um 3 Uhr ist Zapfenstreich. Nieuwezijds Voorburgwal 92, Tel. 623 0063.

Unterkunft

Ehemalige Traveller betreiben das Flying Pig Downtown. Zentrale Lage, saubere Zimmer, kostenlose Küchenbenutzung, und die Bar hat rund um die Uhr geöffnet. Keine Sperrstunde. Schlafsaal f 24, 8-Bett-Zimmer f 28, 6-Bett-Zimmer f 30, 4-Bett-Zimmer f 35, DZ f 100. Nieuwendijk 100, Tel. 420 6822, Fax 624 9516. *Parkplatz*

0031 20 /

Das Flying Pig Vondelpark in der Vossiusstraat 46, Tel. 400 4187, Fax 400 4105, gehört den gleichen Betreibern und es gelten die gleichen Preise.

Das Adam and Eve liegt nur 10 Minuten vom Rembrandtplein entfernt, und es garantiert ein gutes Preis-Leistungs-Verhältnis. Pro Person kostet es f 22 inklusive Frühstück (f 6 für Bettwäsche). Keine Sperrstunde. Sarphatistraat 105, Tel. 624 6206, Fax 638 7200.

Eben Haezer ist eine christliche Herberge und nicht jedermanns Geschmack. Aber die Preise sind verlockend: f 20 bezahlt man für die Übernachtung in den großen und kleinen Schlafsälen, inklusive Frühstück. Nachteil: Wer nach 24 Uhr kommt, steht vor verschlossenen Türen. Bloemstraat 179, Tel. 624 4717, Fax 627 6137.

Camping

Es gibt zwar einige Campingplätze in und um Amsterdam, aber die meisten jungen Leute treffen sich auf dem Camping Vliegenbos, Meeuwenlaan 138, Tel. 636 8855, Fax 623 4986, Amsterdam Noord. Er ist vom Bahnhof in 10 Minuten mit dem Bus Nr. 32 oder dem Nachtbus Nr. 72 zu erreichen. Er hat von April bis September geöffnet und verfügt über einen Einkaufsladen, Restaurant, Bar und Fahrradvermietung. Die Übernachtung kostet f 9,50 pro Person, inklusive heißer Dusche. Es können auch 4-Bett-Hütten für f 63 gemietet werden. Eine Alternative ist der etwas schwieriger zu erreichende Zeeburg, Zuiderzeeweg 29, Tel. 694 4430, Fax 694 6238. Die Preise liegen bei f 6,50 pro Person, plus f 3,50 für ein Zelt und f 1,50 für die heiße Dusche. Auf diesem Platz können die Zelte bis Dezember aufgeschlagen werden.

Unterkunft

Hotels

Das **Amstel Botel** ist ein schwimmendes Hotel auf einem ausrangierten Kreuzfahrtschiff. Die Kabinen sind klein und nicht sensationell eingerichtet. Wenn ihr euch hier einquartieren wollt, nehmt eine Außenkabine, damit ihr wenigstens einen schönen Blick habt. Alle Zimmer haben Toilette, Dusche, TV und Telefon. Das DZ kostet f 139 (Landseite), f 149 (Wasserseite). Das Frühstück kostet f 10. Oosterdokskade 2-4, Tel. 626 4247, Fax 639 1952.

Das **Van Onna** hat 40 Zimmer und besteht aus drei Grachtenhäusern in einem ruhigeren Viertel des Jordaan. Das mittlere Haus wurde renoviert und die Zimmer sind modern eingerichtet worden. Ein Zimmer inklusive Frühstück, ohne Dusche und Toilette kostet f 110, mit sanitären Anlagen f 140. Wenn ihr Wert auf eine schöne Aussicht legt, fragt nach einem Zimmer mit Sicht auf den Kanal. Bloemgracht 104, Tel. 626 5801.

De Filosoof liegt in einer ruhigen Straße in der Nähe des Vondelparks. Die Zimmer sind den verschiedenen Philosophen, wie z. B. Nietzsche oder Wittgenstein, gewidmet und entsprechend eingerichtet. Im Literatencafé finden am Donnerstagabend Lesungen statt (auf niederländisch). Das DZ mit Bad und TV kostet in der Nebensaison f 155, in der Hauptsaison f 175, inklusive Frühstück. Anna van den Vondelstraat 6, Tel. 683 3013, Fax 685 3750.

Das **De Admiraal** ist nichts für Leute, die früh ins Bett gehen, denn das Nachtleben tobt gleich nebenan. Große, schöne Zimmer mit Balkendecken. DZ ohne Dusche f 105 - 115, mit Dusche f 135, mit Toilette und Dusche f 145- 165. Das Frühstück kostet f 7,50 und wird in einem originell eingerichtetem Frühstücksraum eingenommen. Herengracht 563, Tel 626 2150, Fax 623 4625.

Ein sehr schönes altes Kanalhaus ist das **Hotel Prinsenhof**. Nach einer durchgemachten Nacht können die steilen Treppen ganz schön mühsam sein. Die 10 Zimmer sind unterschiedlich gestaltet, aber

de Balie: Treffpunkt der Jugend

alle sind geschmackvoll eingerichtet. DZ ohne Dusche f 125, mit Dusche f 175. Das Frühstück ist inklusive und wird in einem schönen Raum eingenommen. Gutes Preis- Leistungs-Verhältnis. Prinsengracht 810, Tel 623 1772, Fax 638 3368.

Steile Treppen führen zu den einfach eingerichteten Zimmern des **Acacia** im Herzen des Jordaan-Viertels, ca. 15 Minuten vom Bahnhof entfernt. Es werden auch Appartements und ein Hausboot vermietet. DZ ab f 125. Lindengracht 251, Tel. 622 1460, Fax 638 0748.

Wer das Fahrrad mitbringt, ist im **Van Ostade** Bicycle Hotel gut aufgehoben. Hier hat man nämlich die Möglichkeit, das Fahrrad unterzustellen. Die 15 Zimmer sind sehr einfach, aber sauber. DZ ab f 95. Van Ostadestraat 123, Tel. 679 3452, Fax 671 5213.

Das **Bonaire** hat erst Ende 1996 neu eröffnet und die Einrichtung ist dementsprechend gepflegt. Karibisches Flair mit karibischen Bildern, alles in Blau-Weiß gehalten. Alle Zimmer haben Dusche und Toilette, einige haben einen kleinen Balkon und herrliche Sicht auf die Westerkerk. Das EZ kostet f 80, DZ f 140 ohne Frühstück (Frühstücksraum ist vorhanden). Raadhuisstraat 51-53, Tel. und Fax 620 1550.

Eine sehr beliebte Adresse ist das **Seven Bridges**. Geschmackvolle Zimmer, die mit exklusiven Möbeln liebevoll ausgestattet sind. Das DZ kostet ohne Dusche f 125, mit Dusche f 185, inklusive Frühstück, das auf das Zimmer gebracht wird. Reguliersgracht 31, Tel. 623 1329.

Wer etwas mehr Geld für die Übernachtung ausgeben möchte, sollte im **Canal House** übernachten. Die Zimmer sind über drei Häuser verteilt und alle sind völlig unterschiedlich eingerichtet - äußerst stil- und geschmackvoll mit alten Möbeln. Schöner Ausblick auf die Gracht. DZ f 225 - 270 inklusive Frühstück. Keizersgracht 148, Tel. 622 5182, Fax 624 1317.

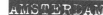

Frühstücken

Die Niederländer beginnen den Tag recht deftig: Wurst, Schinken, Käse, Eier, einem labberigen Weißbrot und einem "koffie".

De Bijenkorf
Wer richtig ausgehungert ist, kann sich im Restaurant des Kaufhauses am Büffet für f 10, all you can eat, den Magen füllen. 9.00 - 11.30 Uhr. Damrak 90.

De Hoek
Bunt gemischtes Publikum, das sich vor der Arbeit noch ein paar Spiegeleier reinzieht. Angenehmes Ambiente. Mo - Sa 7.30 - 17.00 Uhr. Prinsengracht 343.

't Nieuwe Café
Den Tag mit einem guten Frühstück auf der Terrasse beginnen und dem Treiben auf dem Dam zuschauen. Mo - Sa 8.30 - 18.00 Uhr. Eggertstraat 8.

De Prins
Besonders am Sonntagmorgen ab 10 Uhr ein beliebter Treffpunkt. Klassische Musik rundet das Frühstücksvergnügen ab. Unter der Woche ab 9 Uhr geöffnet. Prinsengracht 124.

Luxembourg
Ein reichhaltiges Frühstück auf der Terrasse in der Morgensonne genießen, dabei Zeitung lesen oder die Leute beobachten. Täglich 10 - 1 bzw. am Wochenende 2 Uhr. Spui 22 - 24.

Essen und Trinken

Bars und Cafés

Verdursten braucht in Amsterdam niemand, denn die Stadt ist für ihre vielfältigen Bars, Cafés und Kneipen bekannt.
Eine traditionelle Einrichtung sind die Bruin Cafés, die „Braunen Cafés". Typisch für diese Art Cafés sind die Nikotinablagerungen vieler Generationen an den braun verfärbten Wänden, die schummrige Beleuchtung und die spartanische Einrichtung. Jedes Café hat seinen eigenen Charakter und ist Treffpunkt des entsprechenden Publikums. Hier trifft man sich nach Feierabend zum neuesten Tratsch oder zum Zeitung lesen. Im Gegensatz dazu stehen die modern eingerichteten Designer Bars, die sich auch Grand

Essen und Trinken

Cafés nennen. Die In-Trends unterliegen einem ständigen Wechsel, und man probiert am besten selbst aus, wo die Post abgeht.

Das Eetcafé ist eine Mischung aus Restaurant und Café. Mittags werden kleine Snacks serviert und abends richtige Mahlzeiten. Ziel vieler Traveller sind die zahlreichen Coffeeshops. Dies sind keine "Kaffeeläden", sondern Cafés, in denen Haschisch und Marihuana gekauft werden kann. Meistens bekommt man automatisch eine "Menükarte" mit Angaben zu den verschiedenen Dope-Sorten, Verpackungsgrößen und Preisen. Die "Dealer" hinter den Tresen beraten auch gerne und gut.

Achtung:

Die einheimischen Kiffer meiden die Coffeeshops innerhalb des Rotlicht-Bezirks. Das Ambiente ist nicht so besonders und vor allem droht die Gefahr des Abzockens.

In den Coffeeshops wird kein Alkohol ausgeschenkt.

Vorsicht vor den verführerischen "Hasch-Keksen". Man kann nicht abschätzen, wieviel Stoff verwendet wurde, und die Wirkungen können verheerend sein.

Der Import von Samen oder Pflanzen ist verboten.

Proeflokaal (Probierlokal)

Die Amsterdamer sind seit dem 17. Jh. für ihren Alkohol- und Tabakkonsum bekannt. Früher durften die Getränke vor dem Kauf erst einmal probiert werden. Schon lange hat der Kommerz Einzug gehalten und es gibt nichts mehr umsonst. Die Probierstuben haben Barcharakter mit urigem Ambiente, die sich auf spezielle Getränke spezialisiert haben.

De Drie Fleschjes

Ein Klassiker unter den Kneipen, die bereits seit 1650 existiert. Stammpublikum, keine Tische. Spezialität ist der Jenever (Wacholderschnaps), der aus großen Fässern gezapft wird. Mo - Sa 12.00 - 20.30, So 15.00 - 19.00 Uhr. Gravenstraat 18. Gleich nebenan kommen bei Henri Prouvin die Weinkenner auf ihre Kosten. Zur Auswahl stehen ungefähr 500 verschiedene Weine.

Essen und Trinken

McDonalds:
Treffpunkt der Fast-food-Kultur

In de Wildemann

Hier steht der Gerstensaft im Mittelpunkt. Biersorten aus der ganzen Welt können probiert werden, auch viele Sorten frisch gezapften Bieres. Mo - Sa 12 - 1, am Wochenende bis 2 Uhr, So 14 - 21 Uhr. Kolksteeg 3.

Bruin Cafés

Hoppe

Das Hoppe ist eine echte Amsterdamer Institution der „Bruin Cafés". Seit 300 Jahren sorgt die Beliebtheit für den höchsten Bierumsatz Amsterdams. Besonders nach Feierabend mischen sich Büroleute und Angestellte in Anzug und Krawatte unter Studenten und Intellektuelle. Der Besuch ist ein Muß. Täglich ab 8 bis 1 Uhr geöffnet, an den Wochenenden bis 2 Uhr. Spui 18 - 20, Tel. 623 7849.

Het Papeneiland

In einem Gebäude aus dem 17. Jh. hat die urige Kneipe ihren ursprünglichen Charme bewahrt. Blau-weiße Kacheln, viele alte Bilder und der alte Ofen sorgen für ein gemütliches Ambiente. Immer sehr gut besucht - und das aus gutem Grund. Prinsengracht 2/Ecke Brouwersgracht.

Van Puffelen

Sowohl schön gestylte Trendsetter wie Studenten drängeln sich an der Bar des traditionellen Braunen Cafés. An den Tischen geht es etwas ruhiger zu, aber diese sind leider meistens besetzt. Mo - Do und So 15 - 1 Uhr, Fr 15 - 2 Uhr, Sa 12 - 2 Uhr, So 12 - 1 Uhr. Essen kann man zwischen 18 und 23 Uhr. Prinsengracht 377.

t'Smalle

Keine Hektik, Kerzen, klassische Musik, riesiger Kristalleuchter, holzvertäfelte Wände und gute Snacks garantieren einen angenehmen Aufenthalt. Täglich 10 - 1 Uhr. Egelantiersgracht 12.

De Meester

Einheimische Schnulzen (smaartlappen) und jüdische Klezmerlieder werden nicht von der CD abgespielt, sondern live von den Gästen geträllert. Die Stimmung ist einmalig, und es lohnt sich, einmal vorbeizuschauen. Zeedijk 30.

Szenebars/Grandcafés

Du Lac

In den ehemaligen Bankräumen wurden früher Geldscheine der Bank gezählt, heute zählt der Wirt die Geldscheine der konsumierenden Gäste. Die Art-deco-Einrichtung ist ein originelles Sammelsurium von verschiedenen Stilrichtungen und lockt nicht nur Trendsetter, sondern auch Studenten an. Am Sonntagnachmittag Live-Jazz. Mo - Mi und So 16 - 1 Uhr, Do - Sa 16 - 2 Uhr. Haarlemmerstraat 118, Tel. 624 4265.

Danzig

Ein durchgestyltes Grand Café in der "Stopera" mit schicker Atmosphäre und gutem Flair. Humane Preise und auf den bequemen Stühlen kann man lange sitzen bleiben und die Leute beobachten. Die Terrasse am Wasser ist im Sommer hoffnungslos überlaufen. Zwanenburgwal 15.

De Buurvrouw

In einer kleinen Nebenstraße hört man schon in einiger Entfernung die laute Rockmusik. Alternatives Publikum. Zum Kontakte knüpfen ist die laute Musik nicht geeignet. Täglich ab 20 bis 2 Uhr, am Wochenende bis 3 Uhr geöffnet. St Pieterpoortssteeg 29.

Frascati

Sehr beliebte Theaterbar mit großen Spiegeln und einer rosa-farbenen Marmorbar. Treffpunkt von Studenten und jungen Leuten. Für f 20 gibt es sehr gute Gerichte - die Investition lohnt sich. Mo - Do 16 - 1 Uhr, Fr und Sa 14 - 2 Uhr, Nes 59.

De Jaren

Das interessante, modern eingerichtete Designer-Café hat zwei Terrassen mit einem herrlichen Blick über die Gracht. Die vielen Tische, die über zwei Stockwerke verteilt sind, sind von jungen Leuten (viele Studenten der nebenanliegenden Uni) belegt. Die humanen Essenspreise, eine große Salatbar, die vielen Biersorten und die verschiedenen internationalen Zeitungen machen das Café zu einem begehrten Treffpunkt. Täglich ab 10 bis 1 Uhr, an Wochenenden bis 2 Uhr geöffnet. Nieuwe Doelenstraat 20.

Essen und Trinken

SAS

Ein Künstlercafé mit interessanten, wechselnden Ausstellungen. Auf den bequemen und gemütlichen Sofas lümmeln jung und alt und verdrücken die riesigen Essensportionen zu günstigen Preisen. Abends romantisches Ambiente mit Kerzenlicht und gelegentlich spielt eine Live-Gruppe. Mo - Do 13 - 1 Uhr, Fr und Sa 13 - 2 Uhr, Sonntag geschlossen. Marnixstraat 79.

De Kroon

Ein sehr schönes Grand Café mit hohen Decken und Kristalleuchtern. Im 1. Stock hat man von der Terrasse einen herrlichen Blick über den Rembrandtplein. Auf der Bar steht ein Mikroskop, Schmetterlinge hängen an den Wänden und über der Bar stehen seltene, konservierte Tiere. Hier treffen sich die unterschiedlichsten Leute in allen Altersgruppen. So - Do 10 - 1 Uhr und am Wochenende bis 2 Uhr. Rembrandtplein 17.

Luxembourg

Das Motto heißt: sehen und gesehen werden. Leute, für die Geld das wichtigste Statussymbol ist, treffen sich hier in mondänem Ambiente. Die leckeren Sandwichs kann man auf der Terrasse futtern. Täglich 10 - 1 Uhr, am Wochenende bis 2 Uhr. Spuistraat 22 - 24.

Harry's American Bar

Cocktailfans können zwischen 20 verschiedenen Drinks wählen. Sie wirken im ersten Moment harmlos, aber die Wirkung kommt spätestens an der frischen Luft. Gediegene Atmosphäre mit softem Jazz im Hintergrund. Täglich 17 - 1 Uhr, Wochenende bis 2 Uhr. Spuistraat 285.

Vrankrijk

Hier hängen fast so viele Hunde wie Leute herum. Die Kneipe hat einen punkigen Touch und ist mit Anti-Plakaten gegen dies und jenes vollgeklebt. Am Samstagabend Live-Konzerte oder Disko. Spuistraat 216.

t´Gasthuis

Typische Studentenkneipe im Univiertel. Im Sommer kann man draußen sitzen. Gutes, preisgünstiges Essen. Grimburgwal 7.

Schiller

Ein sehr schönes Art-deco-Café mit Bildern des Künstlers Fritz Schiller. Je später der Abend, desto voller wird es. Täglich 16 - 1 Uhr. Rembrandtplein 26.

Blinker

Coole Atmosphäre in hohen Räumen und kalt wirkendem High-Tech-Design. Viele Theaterbesucher treffen sich vor oder nach der Aufführung. Täglich 11 - 1 Uhr, am Wochenende bis 2 Uhr. St. Barberenstraat 7.

't Loosje

Tagsüber gemischtes Publikum und abends Treffpunkt von Studenten. Täglich 9 - 1 Uhr. Nieuwmarkt 32-34.

Café West Pacific

Ein großes Café mit interessantem Flair und interessanten Menschen. Nach 23 Uhr mutiert das Café von Do bis So in eine Disko. Täglich ab 11.30 bis 1.00 Uhr, am Wochenende 3 Uhr geöffnet. Haarlemmerweg 8-10.

De 2 Zwaantjes

Diese Kneipe sei nur Leuten empfohlen, die auf niederländisches volkstümliches Liedgut stehen. Am Wochenende werden Schnulzen geträllert. Im Sommer kann man draußen sitzen. Prinsengracht 114.

Nol

Die Plüscheinrichtung ist so kitschig, daß sie bereits wieder gut ist. Zu später Stunde stimmen die "Jordaaner" Balladen und Seemannslieder an. Kann ein unvergeßliches Erlebnis sein. 19 - 2 Uhr. Westerstraat 109.

Hard Rock Café

Es darf auch in Amsterdam nicht fehlen. Relativ klein, verqualmt und Gitarren der Gun n'Roses und andere Musiker-Memorabilien hängen herum. Oudezijds Voorburgwal 246.

Essen und Trinken

Backstage

Ein Café, das völlig aus dem Rahmen fällt. Hier dominieren die poppigsten Farben, und außer dem Fußboden gibt es keinen unbemalten Fleck: Tische, Stühle, Bänke, Wände und Decken in knalligen Effekten. Geführt wird es von den legendären "Christmas Twins", Greg & Gary. Von den beiden ehemaligen Entertainern, indianischer Abstammung, starb Greg im letzten Jahr, und nun wird das Café von Gary allein weitergeführt. Originell sind die gehäkelten Mützen und gestrickten Pullover, die man hier kaufen kann. Ein schrilles Café und schrille Gäste. Mo - Sa 10 - 18 Uhr geöffnet, Utrechtsedwarsstraat 67.

Coffeeshops

Lucky Mothers

In einem alten Kanalhaus mit angenehmen Ambiente; aufgrund der guten Grasqualität ist dies eine beliebte Adresse. Keizersgracht 665.

The Bulldog

Ein Megatempel unter den Coffeeshops mit einigen Filialen à la McDonalds. In der ehemaligen Polizeistation befindet sich eine große Bar, ein Souvenirladen und der Coffeeshop. Für eine gemütliche Zigarette ist es etwas zu hektisch. Aber man wird nicht übers Ohr gehauen. Leidseplein 15, Filialen am Oudezijds Voorburgwal 90, 132, 218 und Singel 12.

Barney's Breakfast Bar

Wenn ihr den Tag mit einem ordentlichen Frühstück und einem guten Joint beginnen wollt, schaut in Barney´s Bar vorbei. Haarlemmerstraat 102.

Greenhouse (mein Favorit!)

Das Greenhouse liegt zwar etwas außerhalb, gewann aber in den letzten Jahren mehrmals den Cannabis Cup und gilt als bester Coffeeshop. Das Dope wird in Anwesenheit gewogen. Täglich 10 - 1 Uhr geöffnet, am Wochenende bis 2 Uhr. Tolstraat 4. Eine kleinere Filiale gibt's am Waterlooplein 345.

Homegrown Fantasy

Es gibt in keinem anderen Coffeeshop eine größere Auswahl. Eine populäre Adresse bei den Einheimischen. Täglich 11 - 23 Uhr, am Wochenende bis 24 Uhr. Nieuwezijds Voorburgwal 87a.

So Fine

Abends gute Stimmung, gute Musik und gutes Futter. Ein Billardtisch und Videoraum sind ebenfalls vorhanden. Prinsengracht 30.

Grasshopper

Immer stark frequentiert, angenehme Atmosphäre und super Sound. Oudebrugsteeg 16, Nieuwezijds Voorburgwal 57.

Internet-Cafés

Freeworld Internet Café, Mo - Do und So 9 - 13 Uhr, Fr und Sa 9 - 14 Uhr, Korte Nieuwendijk 30.

Coffeeshop Internet, Mo - Do und So 10 - 13 Uhr, Fr und Sa 10 - 14 Uhr. 15 Min. kosten f 2,50. Wer den ganzen Tag surfen möchte, kann sich eine Tageskarte für f 50 kaufen und erhält dann noch eine persönliche E-Mail-Adresse. Prinsengracht 480.

Das Mystère 2000, Lijnbaansgracht 92, ist ein ganz nettes Cybercafé, in dem die Freaks die aktuellsten News austauschen. Außerdem Workshops und Lesungen. Di - Sa 11 - 17, Do bis 21 Uhr geöffnet.

Im alten Stadttor De Waag befindet sich in mittelalterlichem Ambiente ein Restaurant und ein Café. Am reading table kann man auf traditionelle Art Zeitung lesen oder auf modernere Art durch das Internet surfen. Täglich 10.00 - 22.30 Uhr, Nieuwmarkt.

Essen

Die einheimische Küche gehört sicherlich nicht zu den kulinarischen Highlights, aber die internationale Bevölkerung sorgt mit Ethnic-food-Restaurants für abwechslungsreiche Gaumenfreuden. Ab 18 Uhr ist Abendessenszeit - die Küchen in den Restaurants haben in der Regel bis 22 oder 23 Uhr geöffnet.

Essen und Trinken

Imbiß

Tagsüber essen die Einheimischen gern einen kleinen Snack an einem der unzähligen Stände oder in einem eetcafé.

"Uitsmijters" sind offene Sandwichs, die mit Schinken, Beaf und Spiegeleiern belegt sind. In den "broodjeswinkel" bekommt man die besten belegten Brötchen. Beliebt sind auch die Pommesbuden mit ihren "patat frites". Da die Pommes aus frisch geschnittenen Kartoffeln zubereitet werden, schmecken sie tatsächlich viel besser als unsere tiefgefrorenen. Dazu essen die Niederländer einen Berg Mayonnaise (patatje oorlog) oder Erdnußsoße (saté). An der Wand kann man sich aus Automaten warme Snacks wie Hamburger, Fleisch- oder Käsebällchen herauslassen. Die "frikandel" hat nichts mit unserer Frikadelle gemeinsam, es ist eine würzige Wurst. Unbedingt probieren sollte man den rohen Hering (nieuwe haring), der mit Zwiebeln oder Gurken direkt aus der Hand gegessen wird. Am besten schmeckt er am Anfang der Saison im Mai und Juni.

Traditionelle Küche

Die niederländische Küche ist herzhaft und wird mit einfachen Zutaten zubereitet. Am günstigsten ist das "Dagschotel", das Tellermenü, das aus den typischen Zutaten Kartoffeln, Gemüse und Fleisch (selten Fisch) besteht. Der "stamppot" ist ein Kartoffeleintopf mit Kohl und Würstchen, die "erwtensoep" eine Erbsensuppe mit Würstchen.

Die "pannekoeken" sind Pfannkuchen, die es in süßen oder deftigen Variationen gibt. Die "poffertjes" sind eine Art von kleinen Pfannkuchen, bei denen die Butter über den dicken Zuckerbelag tropft.

Trinken

Zum Essen trinken die Amsterdamer gerne ein "pilsje", Pils, Heineken oder Amstel. Das Zapfen des Bieres ist ein altes Ritual: der Schaum muß die Höhe von zwei Fingerbreiten haben, alles was zuviel ist, wird abgeschabt. Das Nationalgetränk ist der jenever, Wacholderschnaps, der in randvollen Gläsern serviert wird. Der "jonge jenever" (junger Gin) ist farblos und nicht so süß wie der "oude jenever" (alter Gin), der eisgekühlt getrunken wird.

Amsterdams Häuser sind wahre
Schmuckstücke

- Amsterdam ist für die vielen indonesischen Restaurants bekannt, die von den Zuwanderern aus der ehemaligen Kolonie Indonesien betrieben werden. Eine gute Gelegenheit, diese exotische Küche einmal auszuprobieren.
- Wer authentisch chinesisch essen möchte, sollte in das Chinesenviertel auf dem Zeedijk gehen. Empfehlenswert ist das Hoi Tin, Nr. 122.
- Das 1e Klas Grand Café Restaurant im Bahnhof ist zwar sehr teuer, aber das Ambiente ist einmalig, und man sollte das Geld für eine Tasse Kaffee investieren.

Auf die Schnelle

Unzählige Sandwichshops, Falafel- und Kebapstände stillen den Hunger zwischendurch.

Die beste Pommesbude der Stadt ist das **Vlaams Frites Huis** in der Voerboogstraat 33.

Ein guter Take-away mit indonesischen Spezialitäten ist der **Toko Sari** in der Kerkstraat 161, Mo - Sa 11 - 18 Uhr.

Bei **Maoz Falafel** gibt´s leckere Falafel mit Fladenbrot und unendlich viel Salat für f 5. Täglich 11 - 2 Uhr, am Wochenende bis 3 Uhr. Reguliersbreestraat 45.

Falafel Dan hat zwischen 15 und 17 Uhr Happy Hour. Da kann man Falafel und Salat bis zum Platzen essen. Ferdinand Bolstraat 126.

The Pancake Bakery füllt ihre Pfannkuchen mit Dutzenden verschiedener Füllungen ab f 8. Täglich 12.00 - 21.30 Uhr. Prinsengracht 191.

La Place gehört zum Kaufhaus Vroom & Dressman. Am Büffet kann man sich das Menü selber zusammenstellen. Täglich 10 - 21 Uhr, Kalverstraat 201.

Bei **Gary's Muffins** bekommt man die besten Muffins der Stadt. Prinsengracht 454, Marnixstraat 121 und Reguliersdwarsstraat 53.

Billiges

Der Mensafood ist ähnlich wie bei uns. Preise gewinnen die Köche sicherlich nicht, aber wer Studentenluft schnuppern will, kann in die Mensa Atrium, die Mo - Fr 12 - 14 und 17 - 19 Uhr geöffnet hat. Man kann für f 8 zwischen drei Gerichten auswählen. Oudezijds Achterburgwal 237.

Pannekoekhuis Upstairs

Ein kleines Restaurant mit großen Pfannkuchen. Die vier Tische sind immer belegt. Und dies zurecht, denn hier gibt es die besten Pfannkuchen der Stadt. Di - So 12 - 19 Uhr, Grimburgwal 2, Tel. 6265603.

Warung Swietie

Ein Eetcafé mit surinamesischen Gerichten. Sehr billig und witzige Atmosphäre. Täglich 11 - 21 Uhr. 1e Sweelinckstraat 1.

Silo

In einem früheren Silo betreiben ehemalige Hausbesetzer ein vegetarisches Restaurant. Am besten gegen 18 Uhr da sein, die Bestellung aufgeben, die schöne Aussicht auf das Wasser genießen, und um 19 Uhr wird das Essen serviert. f 10. Westerdoksdijk 51.

Einheimische Küche

De Blauwe Hollander

Traditionelle Gerichte wie aus Mutters Kochtopf. Sehr günstige Preise und immer gut besucht. Täglich 17 - 22 Uhr. Leidsekruisstraat 28.

Haesje Claes

Die einheimische Küche, die hier serviert wird, kommt auch bei den Amsterdamern gut an. Entweder reservieren oder früh dort sein. Ein Hauptgericht liegt bei f 30. Täglich kann von 12 - 22 Uhr gegessen werden. Spuistraat 275, Tel. 624 9998.

Keuken van 1870

In der ehemaligen Suppenküche wird traditionelle Hausmannskost gekocht - zum Spottpreis von f 12. Urige Atmosphäre. Mo - Fr 12.30 - 20.00 Uhr, Sa und So 16.00 - 21.00 Uhr. Spuistraat 4.

Koffiehuis van den Volksbond

Früher trafen sich hier die Dockarbeiter, und heute ist es ein beliebter Treffpunkt jüngerer Leute. Die Gerichte schmecken ganz ordentlich und liegen um f 18. Kadijksplein 4.

Essen und Trinken

Italienisch

Toscanini Caffé

Ein äußerst beliebtes Restaurant mit original italienischer Küche. Den Köchen kann man beim Brutzeln in die Töpfe schauen. Schlichte Einrichtung und großer Andrang. Nicht ganz billig - ca. f 30 für ein Hauptgericht - aber die Investition lohnt sich. Tägl. 18.00 - 22.30 Uhr. Unbedingt reservieren. Lindengracht 75, Tel. 623 2813.

Mexikanisch

Caramba

Ständig volles Restaurant im Jordaan-Viertel. Gutes Essen, große Portionen, günstige Preise und schönes Dekor. Lindengracht 342, Tel. 627 1188.

Rose's Cantina

Tip: Geht nicht völlig ausgehungert dorthin. Denn die Wartezeiten sind meistens sehr lang. Das absolute In-Restaurant. Die Warterei kann man an der Bar mit einem Cocktail "Margarita" verkürzen und dabei die Leute beobachten. Übrigens: die Margaritas haben ein gutes Mischungsverhältnis. Reservierungen werden erst gar nicht entgegengenommen. Essen wird täglich von 17.30 - 23.00 Uhr serviert, die Bar hat bis 1 bzw. 2 Uhr geöffnet. Reguliersdwarsstraat 38.

Margaritas

Hier kann man bis 3.30 Uhr den knurrenden Magen mit karibischen Spezialitäten füllen. Reguliersdwarsstraat 108 - 114. Gleich nebenan heizt die karibische Musik ordentlich ein und die Hüften werden zu heißen Salsa- und Sambarhythmen bewegt.

Vegetarisch

Bolhoed

Originelles kitschiges Interieur, gute Küche mit gesunden Säften, Salaten, Gemüsekuchen und anderen vegetarischen Gerichten. Täglich 12 - 22 Uhr geöffnet. Prinsengracht 60, Tel. 626 1803.

De Vliegende Schotel

Gehört zu den günstigsten vegetarischen Restaurants der Stadt. Die Speisekarte besteht aus einer großen Tafel, auf der die Gerichte aufgelistet sind. Die Bestellung gibt der Gast selber an der Theke auf. Riesige Portionen und heimeliges Ambiente. Täglich 17.30 - 22.15 Uhr. Nieuwe Leliestraat 162, Tel. 625 2041.

De Vrolijke Abrikoos

Ein ideales Restaurant für Leute, die keine 100%igen Vegetarier sind, sondern auch einmal zwischendurch einen Fisch oder ein Stück Fleisch essen wollen - aus artgerechter Tierhaltung. Ein Hauptgericht liegt bei ca. f 20. Mo, Mi - So 17.30 - 21.30 Uhr. Weteringschans 76, Tel. 624 4672.

Fisch

Pier 10

Nettes Restaurant mit Blick auf den Hafen, romantisches Ambiente mit Kerzenlicht und hervorragende Fischgerichte. Für ein Hauptgericht muß man zwar mindestens f 35 hinblättern, aber das Preis-Leistungs-Verhältnis stimmt. Dafür kann man sich den Nachtisch sparen, denn zu dem abschließenden Kaffee gibt es leckere Süßigkeiten. Täglich 18.30 - 23.00 Uhr. Reservierung ist empfehlenswert. 10 Steiger an De Ruijterkade, Tel. 6348276.

Lucius

Falls ihr einen speziellen Grund zum Feiern habt und die besten Fischgerichte oder Muscheln der Stadt essen möchtet, solltet ihr hier vorbeischauen. Typische Einrichtung mit Kacheln und vielen Holztischen. Bei den Einheimischen ein Geheimtip. Gehobene Preise, aber es lohnt sich. Täglich 12 - 24 Uhr. 247 Spuistraat, Tel. 624 1831.

Indisch

The Tandoor

Original indische Küche, bei der auf die europäischen Gaumen keine Rücksicht genommen wird und die Gerichte zum Teil äußerst "hot" (scharf) serviert werden. Einfach bei der Bestellung nachfragen. Das Essen schmeckt gut und ist preiswert. Täglich 17 - 23 Uhr. Leidseplein 19, Tel. 623 4415.

Essen und Trinken

Indonesisch

Bojo

Für den späten Hunger ist das Bojo genau die richtige Adresse. Viele Nachtschwärmer nutzen diese Gelegenheit. Riesige Portionen zu günstigen Preisen. Allerdings sollte man anschließend noch eine Runde abtanzen, sonst schläft es sich nach diesen Mengen schlecht. So - Do 17 - 2 Uhr, am Wochenende bis 6 Uhr geöffnet! Lange Leidsedwarsstraat 49, Tel. 626 8990.

Speciaal

Vielleicht hat man Glück und ißt neben einem Filmstar, die hier ab und an verkehren. Spezialität ist die „Rijsttafel" mit verschiedenen Fleisch-, Fisch- und Gemüsevariationen. Ein Hauptgericht kostet ca. f 30. Täglich 17.30 - 23 .00 Uhr. Nieuwe Leliestraat 142, Tel. 624 9706.

Tempo Doeloe

Authentisches Ambiente und authentisches Essen. Manche Gerichte sind äußerst scharf. Immer gut besucht, deshalb am besten vorher reservieren. Täglich 18 - 23 Uhr. Utrechtsestraat 75, Tel. 625 6718.

Padi

Kleine Kneipe mit guter Auswahl zu äußerst günstigen Preisen. Haarlemmerdijk 50.

Karibisch

Rum Runners

Das karibische Ambiente, die hervorragenden Cocktails und die reichhaltigen Portionen der kreolischen Küche garantieren auf der zweistöckigen Terrasse einen schönen Abend. f 30. Prinsengracht 277, Tel. 627 4079.

Spanisch

Centra

Spanische Spezialitäten, wie man sie in Spanien nicht besser bekommt - zu humanen Preisen. Eine empfehlenswerte Adresse - mitten im Rotlichtviertel. Täglich 13 - 23 Uhr. Lange Niezel 29, Tel. 622 3050.

Duende

Eine kleine gemütliche Bar, in der zu den Getränken hervorragende "Tapas" serviert werden. Unter der Woche von 16 - 1 Uhr und am Wochenende von 14 - 2 Uhr geöffnet. Lindengracht 62, Tel. 420 6692.

Und sonst noch

Planet Hollywood

Diese Kette darf auch in Amsterdam nicht fehlen. Schwarzenegger, Bruce Willis und Demi Moore übernahmen 1996 die Schirmherrschaft, und der Wein stammt von Dépardieus Weingut. In dem ehemaligen Kino werden auf der Leinwand Videoclips gezeigt. Wer schon einmal in einem Planet Hollywood gegessen hat, kennt die Speisekarte und die riesigen Portionen. Reguliersbreestraat 35, Tel. 427 7827.

Eufraat

Die assyrische Küche garantiert außergewöhnliche kulinarische Gaumenfreuden - zu günstigen Preisen. Eerste van der Helstraat 72 (am Sarphatipark).

Plaka

Ein begehrtes griechisches Restaurant mit riesigen Portionen zu niedrigen Preisen. Entweder früh da sein oder reservieren. Täglich 17 - 24 Uhr. Egelantierssraat 124, Tel. 627 9338.

Szmulewicz

Kleineres Restaurant mit vielen Film- und Veranstaltungsplakaten an der Wand. Verschiedene internationale Gerichte, mit Schwerpunkt auf der mexikanischen Küche und ein ordentlicher Tischwein aus der Karaffe. Nur junge Leute, freundlicher Service. Bakkersstraat 12.

Essen und Trinken

Shopping

Amsterdam ist keine Einkaufsstadt wie London oder New York mit großen Einkaufszentren und einer Ansammlung verrückter Boutiquen, in denen man günstige Klamotten kaufen kann. Aber dafür gehört Amsterdam auch nicht zu den teuersten Städten der Welt. Die beliebtesten Einkaufsstraßen mit Klamottenläden und Buchshops finden sich am Nieuwendijk und der Kalverstraat. Exklusive Läden mit teuren Designerklamotten reihen sich auf dem Rokin und in der PC Hooftstraat, und in den kleinen Gassen der Jordaan-Viertel findet ihr einige schrille Läden und Boutiquen. Im Spiegelkwartier reihen sich Antiquitätenläden aneinander.

Einkaufsmix

De Bierkoning

Es liegt auf der Hand, was es beim "Bierkönig" gibt: über 800 verschiedene Biersorten. Paleisstraat 125.

Hajenius

ist das Haus für Pfeifen- und Tabakraucher. Es bietet eine riesige Auswahl an verschiedenen Pfeifen, Tabaksorten und Zigarren. Unter den Utensilien, die ein Raucher zum Qualmen braucht, sind einige Kuriositäten zu finden. Die beeindruckende Einrichtung ist auch für Nichtraucher interessant. Rokin 92.

In der Condomerie Het Gulden Vlies,

Warmoesstraat 141, fällt die Qual der Wahl schwer. Kondome in allen Arten, Größen und Geschmacksrichtungen. Hier kann man sich mit lebenslangen Vorräten eindecken.

The Headshop,

Kloveniersburgwal 39, läßt das Kifferherz höher schlagen. Hier gibt es wirklich alles, was man so zum Abheben braucht.
Sadisten bringen ihren Freunden als Mitbringsel die typischen unbequemen, blasenmachenden Clogs mit. Spezialist ist De Klompenboer, Nieuwezijds Voorburgwal 20.

Greenpeace

hat seinen Verwaltungssitz in Amsterdam, und im "Infoshop" bekommt man T-Shirts, Bücher, CDs und vieles mehr.

Rubber
Amazing Vaas
f 34.95

Viele Künstler suchen den Markt

Im Clubwear House,

Herengracht 265, kann man sich für eine heiße Diskonacht mit ausgefallenen Klamotten ausstatten.

Abal Wereldwinkel,

Ceintuurbaan 238, hat ein umfangreiches Angebot an Dritte-Welt-Artikeln. Der Gewinn geht zum großen Teil an die Arbeiter zurück.

Bumerangs, Jojos, Diabolos und andere Spielgeräte für Kleinkünstler gibt´s bei **Joe's Vliegerwinkel,** Nieuwe Hoogstraat 19.

Im Hochsommer kann man sich bei **Christmas World** (beim Blumenmarkt) auf das kommende Weihnachtsfest vorbereiten und sich mit entsprechenden Kugeln bevorraten.

Knöpfe in allen Arten und Größen gibt es bei **Knopenwinkel,** Wolvenstraat 14.

Der "weiße Zahnladen", Witte Tandenwinkel, Runstraat 5, verkauft die kuriosesten Zahnartikel.
Kerzen als kleine Kunstwerke, die zum Anzünden zu schade sind, verkauft **Kramer** in der Reestraat 20.
Schmuck aus verschiedenen Materialien findet man bei **Grimm,** Grimburgwal 9.
Käse und nichts als Käse verkauft **Kaas,** Damstraat 23.

Partyhouse, Rozengracht 93b. Der Name läßt schon ahnen, was es hier gibt: allerlei Verrücktes für eine Party.

Antiquitäten einmal anders: in punkigen Farben. **Heimwee & Nu,** Haarlemmerstraat 85.
Eine gute Auswahl an beeindruckenden 3D-Hologrammen bekommt man im **Grimburgwal 2.**

Im Frozen Fountain braucht man das nötige Kleingeld, um etwas zu kaufen. Es macht aber auch Spaß, sich die skurrilen Gegenstände noch unbekannter Designer und Künstler einfach nur anzuschauen. Prinsengracht 629.

Amerika und die 50er Jahre: bei **Norman Automatics** gibt es alles zu diesem Thema. Eine super Auswahl. Prinsengracht 292.

Alte Telefone in allen erdenklichen Farben verkauft **Peter Doeswijk,** Vijzelgracht 11.

Bücher, Postkarten und Poster

Art Unlimited, Keizersgracht 510, hat sich auf Postkarten spezialisiert, die fein säuberlich nach Themen sortiert sind.

Cineasten finden bei **De Lach**, 1e Bloemdwarsstraat 14, sicher das passende Poster ihres Lieblingsfilms.

Eine enorme Auswahl an Gratulations- und anderen Karten sowie ausgefallenes Briefpapier erhält man bei **Paper Moon**, Singel 417.

Scheltema Holkema Vermeulen, Kerkstraat 78, ist das größte Buchgeschäft der Stadt. Auch sonntags kann man auf sechs Stockwerken herumstöbern.

Antiquitäten

Die Amsterdams Antiques Gallery, Nieuwe Spiegelstraat, läßt die Herzen der Antiquitätensammler höher schlagen. Verschiedene Händler verkaufen ihre alten Schätze unter einem Dach.

Musik

Die CDs sind genauso teuer wie bei uns. Einige Musikläden haben sich auf spezielle Musikrichtungen spezialisiert und bieten eine große Auswahl.

Backbeat Records, Egelantierstraat 19, hat sich auf Blues, Jazz, Soul und Funk spezialisiert.

Concerto, Utrechtsestraat 58-60, hat die größte Auswahl an gebrauchten und neuen CDs aller Musikrichtungen. Es stehen viele Kopfhörer zum Anhören zur Verfügung.

Dance Tracks, Nieuwe Nieuwestraat 69, hat das Angebot auf Hip-Hop, House und Soul beschränkt.

Jazz Inn, Vijzelstraat 7, ist der Laden für Jazzfreaks.

Musique du Mondes, Singel 281, hat internationale Musikrichtungen im Programm.

The Sound of the Fifties, Prinsengracht 669, ist für Musikfans der 50er und 60er Jahre die Topadresse.

Der Virgin Megastore, Nieuwezijds Voorburgwal 182, im Einkaufstempel Magna Plaza, hat eine internationale Auswahl.

Shopping

Supermärkte
mit längeren Öffnungszeiten

Die Läden, die bis spät in die Nacht geöffnet haben, liegen meistens etwas außerhalb, und die Preise sind zum Teil horrend.

Avondmarkt, De Wittenkade 94, ist der größte und "billigste" Nachtladen, der bis 24 Uhr geöffnet hat. Noch einigermaßen zentral liegt **Dolf's**, Willemstraat 79 im Jordaan-Viertel. Mo - Sa 15 - 1 Uhr, So 10 - 1 Uhr. Eine Institution ist das **Sterk**, Waterlooplein 241 oder **De Clercqstraat 3**, mit leckeren süßen Teilen und frischem Brot.

Kaufhäuser

Das **Bijenkorf** (Bienenkorb), Dam 1, gegenüber vom Königlichen Palast, zählt zu den nobelsten Kaufhäusern der Stadt.

Das **Magna Plaza**, Nieuwezijds Voorburgwaal 182, ist ganz neu und ganz schick und liegt ganz zentral. Die frühere Hauptpost wurde ausgehöhlt und mit verschiedenen Läden und Boutiquen neu ausstaffiert.

Im **Metz & Co**, Keizersgracht 455, kauft Frau Luxus ein. Ausgefallene Designermöbel, Geschirr und andere exklusive Accessoires sind hier ausgestellt. Sehenswert ist die Glaskuppel, in dem sich ein Café mit herrlichem Ausblick befindet.

Das **Hema** ist eine Kette à la Woolworth, nur etwas bessere Qualität. Nieuwendijk 174 und Reguliersbreestraat 10.

Das **Oibibio**, Prins Hendrikkade 20-21, ist kein klassisches Kaufhaus, sondern ein New Age Center mit esoterischen Produkten und Klamotten aus Naturprodukten, einem japanischem Teesalon, sehr gutem vegetarischem Café/Restaurant und einer Sauna.

In Amsterdam hat man die Gelegenheit, die zu versteigernden Schätze der bekannten Auktionshäuser "Christie's", Cornelis Schuytstraat 57, Tel. 575 5255, oder "Sotheby's", Rokin 102, Tel. 627 5656, anzuschauen. Termine stehen in den Tageszeitungen.

Shopping

Natürliche Rauschmittel im Smart
Product Center in der Amstel Straat

Homeopathie und Vitamine für danach

Shopping

Märkte

Amsterdams Märkte haben eine lange Tradition und prägen das Stadtbild.
Wenn die Königin am 30. April ihren Geburtstag feiert, räumen die Amsterdamer ihre Speicher und verkaufen alles, was nicht niet- und nagelfest ist. Die Stadt ist an diesem Tag brechend voll.
An den Wochenenden lockt der Albert Cuypmarkt in der Albert Cuypstraat Tausende Besucher an. An 300 Ständen wird frischer Fisch, Gemüse, Obst, Klamotten und Ramsch verkauft. Humane Preise. Mo - Sa 10.00 - 16.30 Uhr. Die kleinere Version mit weniger Touristen, exotischem Flair und exotischen Spezialitäten ist der Dappermarkt, hinter dem Tropenmuseum.
Auf dem Westermarkt kaufen die Leute vom Jordaan-Viertel ihre täglich benötigten Produkte ein. Mo - Sa 9 - 17 Uhr, Westerstraat.

Flohmärkte

Der Waterlooplein ist eine institutionelle Einrichtung Amsterdams und mit Abstand der beste Flohmarkt der Stadt: Schmuck, Bücher, Klamotten, Schnitzereien, afrikanische Decken und viel Ramsch. Ein Markt für Schnäppchenjäger, aber auch für Langfinger. Mo - Sa 10 - 17 Uhr.
Der Noordermarkt hat eine uralte Tradition. Seit 1627 dient der Platz als Marktplatz. Montags werden auf dem Flohmarkt von 9 - 12 Uhr Second-Hand-Klamotten und allerlei Krimskrams unter die Leute gebracht. Um ein gutes Schnäppchen zu ergattern, sollte man früh dort sein. Am Samstag wird früh-morgens Geflügel verkauft, und von 10 - 15 Uhr kann auf dem Boerenmarkt Obst und Gemüse gekauft werden.

Bücher

Leseratten finden freitags zwischen 10 und 15 Uhr eine große Auswahl von Büchern und Schallplatten am Spui auf dem Boekenmarkt. In der Nähe der Universität werden auf dem Oudemanhuispoort montags bis samstags von 13 - 16 Uhr neue und gebrauchte Bücher verkauft.

Antiquitäten

Antiquitäten in ganz gutem Preis-Leistungs-
Verhältnis und Qualität findet man auf dem De
Looier in der Elandsgracht 109. Freitags bleiben
die Stände geschlossen. Auf dem Nieuwmarkt werden
jeden Sonntag von 9 - 17 Uhr Antiquitäten und
Handwerksarbeiten verkauft.

Mix

Der letzte schwimmende Bloemenmarkt am linken Sin-
gelufer ist für Pflanzenliebhaber ein Muß. Mo - Sa
9 - 17 Uhr.
Eine große Auswahl von Stoffen findet man montags
von 8.30 - 12.30 Uhr auf dem Lapjesmarkt in der
Westerstraat.
Philatelisten und Münzsammler sollten auf dem
Stamp and Coin Market hinter dem Königlichen
Palast in der N.Z. Vorburgwaal vorbeischauen, der
aber nur mittwochs und samstags von 11 - 16 Uhr
stattfindet.
Die alternativen Bauern verkaufen ihre biologi-
schen Produkte im Jordaan-Viertel samstags von 10
- 15 Uhr auf dem Boerenmarkt.

Nachtleben

In Amsterdam pulsiert das Nachtleben - besonders in der Nähe des Rembrandtplein, Spui und Leidseplein. Am Wochenanfang ist in den Clubs und Diskotheken kaum etwas los. Mitte der Woche steigt der Pegel langsam an, und am Wochenende platzen sie zum Teil aus allen Nähten. Je später die Nacht, desto voller werden die Diskos. Die Eintrittspreise sind human, und für die Getränke muß kaum mehr bezahlt werden als in normalen Bars. Aktuelle Tips entdeckt man an Pinboards in Kneipen, auf Flugblättern sowie im Uitkrant oder What's on in Amsterdam.

Discos und Clubs

Arena
Der Saal gehört zum Arena Budget Hotel und platzt am Wochenende aus allen Nähten. Verschiedene Musikrichtungen, aber vorwiegend Hip Hop und House. Junge Leute. Kein Eintritt. Fr und Sa 23.00 - 5.30 Uhr geöffnet. 's Gravesandestraat 51.

Dansen bij Jansen
Eine Studentendisko, die schon seit über 20 Jahren "in" ist und in der am Wochenende kaum Platz zum Tanzen bleibt. Deklr Sound in der Disko hinkt dem aktuellen Musiktrend immer etwas hinterher. Von 23 bis 24 Uhr Happy Hour. Manchmal muß der (internationale) Studentenausweis vorgezeigt werden. Täglich geöffnet, f 5 Eintritt. Handboogstraat 11.

Escape
Im größten Club der Stadt bewegen sich an die 2000 tanzende Körper zu Housemusik. Die besten DJs legen auf und schweben in einem Käfig über der Menschenmenge. (Die Telefonnummern der Ohrenärzte findet man in den "Gelben Seiten"). Lasershows heizen zusätzlich ein. Die strengen Sicherheitsvorkehrungen garantieren an einem der heißesten Plätze der Stadt immer wieder lange Warteschlangen. Do - Sa 23 - 5 Uhr, Eintritt f 20. Rembrandtplein 11.

Coffeshop Rasta Baby

Nachtleben

iT

Viel Schweiß, viel Fleisch und viele Muskeln.

Der größte Gay-Club der Stadt ist am Samstag only für Homos. Ansonsten sind auch Heteros willkommen - unter einer Bedingung: keine normalen Klamotten, sondern so exzentrisch wie möglich und kein Sightseeing. Aber dies fällt bei den heißen Transvestiten gar nicht so leicht. Professionelle Tänzer und Go-go-Girls heizen die Stimmung an. Mi - So 11 - 4 bzw. 5 Uhr geöffnet. Eintritt f 10 - f 15. Amstelstraat 24.

Mazzo

Der Oldie unter den Diskos. Relaxte Stimmung, coole Einrichtung, internationales Publikum, kein Klamottenzwang, freundliche Türsteher, viel Techno, sehr hip. Am Wochenende Live-Musik. Jede Nacht ab 23 bis 4 Uhr bzw. am Wochenende bis 5 Uhr geöffnet. Eintritt f 10. Rozengracht 114.

Odeon

Auf drei Ebenen werden verschiedene Musikrichtungen gespielt, was unterschiedliche Personengruppen anzieht. Jedoch viele Studenten - auch ehemalige. Täglich 22 - 4 Uhr bzw. 5 Uhr. Der Eintritt liegt bei ca. f 10. Singel 460.

Paradiso

In der ehemalige Kirche präsentiert der VIP-Club Freitag abends Live-Auftritte. House, Hip Hop und Funk begeistern die trendy Leute. Spontane Parties ziehen die Massen an - schaut in den entsprechenden Veranstaltungskalendern nach. Musikgruppen verschiedener Richtungen, Tanzvorführungen, Performances und vieles mehr. Weteringschans 6-8.

Roxy

In den ehemaligen Kinoräumen treffen sich die absoluten Trendsetter zum Sehen und Gesehen werden. Mittwochs nur für Gays geöffnet. Am Wochenende ist der Andrang gnadenlos, und nur mit viel Glück kommt man am strengen Türsteher vorbei und schafft es bis auf die Tanzfläche. Bessere Chancen hat man donnerstags, wenn DJ Dimitri auflegt. Mi - So 23 - 4 bzw. 5 Uhr, der Eintritt schwankt zwischen f 7,50 und f 12,50. Singel 465.

Nachtleben

Soul Kitchen

Treffpunkt für Leute, die zu Musik aus den 60er und 70er Jahren tanzen wollen und denen der Lärm in den Diskos zu ohrenbetäubend ist. Nur Fr und Sa ab 23 Uhr geöffnet, f 10. Amstelstraat 32a.

Margarita

Lateinamerikanische Rhythmen heizen ordentlich ein. An zwei Bars kann man sich Caipirinas gönnen oder sich in dem nebenanliegenden Restaurant mit einem karibischen Snack stärken. 22 - 4 Uhr. Reguliersdwarsstraat 108 - 111.

Kulturzentren

De Balie

In dem Kulturzentrum finden Theateraufführungen, Workshops, Diskussionsrunden oder Lesungen statt. Im Café/Restaurant treffen sich die Intellektuellen und Pseudointellektuellen und philosophieren über Gott und die Welt. Kleine Gartmanplantsoen 10, Tel. 623 2904.

Melkweg

Das multikulturelle Zentrum kämpft immer noch darum, sein Image als Drogenhöhle während der Hippiezeit loszuwerden. Im großen Saal treten viermal wöchentlich Live-Gruppen auf, und nach den Konzerten locken spezielle Musikrichtungen (karibisch, afrikanisch, aber auch House oder Hip Hop) die vorwiegend Alternativen und Studenten an. Theateraufführungen, Filme, Workshops, Ausstellungen, Café, Bar und Restaurant sorgen für abwechslungsreiche Unterhaltung. Die Eintrittspreise variieren. Lijnbaansgracht 234, Tel. 624 8492.

Paradiso

Während früher sanfte Orgelklänge in der Kirche ertönten, tanzen heute die jungen Leute zu Liveklängen von Pop-, Jazz- oder Reggaegruppen. Bars und ein Café garantieren Spaß und Unterhaltung die ganze Nacht. Mo - So ab 20 Uhr. Weteringschans 6-8, Tel. 626 4521.

Nachtleben

Westergasfabriek

In der ehemaligen Gasfabrik finden mehrmals jährlich große Konzerte und Festivals statt. Der Termine werden in den Zeitungen angekündigt. Haarlemmerweg 8-10.

Live Musik

Rock

Arena

Im Saal des Budget-Hotels finden am Wochenende Rockkonzerte statt. 's-Gravesandestraat 51, Tel. 694 7444.
Korsakoff
Hard Rock, Metal und Techno in ohrenbetäubender Lautstärke. Immer gerammelt voll. Das Geld, das für den Eintritt gespart wird, kann in Getränke umgesetzt werden. Live-Gruppen treten mittwochs auf. Lijnbaansgracht 161, Tel. 625 7854. Gleich nebenan ist die verrauchte Bar Maloe Melo, Tel. 625 3300, für die einheizenden Bluesgruppen bekannt.

Jazz

Alto

Gutes Café mit ausgezeichneten Jazz-Sessions von internationalen Größen. Wenn die Saxophone und Trompeten ausgepackt werden, gibt es erstklassigen Jazz, ohne Eintritt zu bezahlen, und ihr müßt nicht einmal Geld für ein Getränk ausgeben. Mo - So 20 - 2 Uhr und später. Korte Leidsedwarsstraat 115, Tel. 626 3249.

Bamboo Bar

In der kleinen Bar drängen sich Jazz- und Bluesfreaks, aber auch Popinteressierte. Gute Stimmung. Täglich ab 21 Uhr. Lange Leidsedwarstraat 66, Tel. 624 3993.

Bimhuis

In den 25 Jahren seit Bestehen der Kneipe wurde hier schon manches Talent entdeckt. Die Nr. 1 unter den Jazzkneipen. Dementsprechend groß ist das Gedränge, und man sollte rechtzeitig da sein. Von Mo - Mi werden kostenlose Sessions geboten. Do

see a
house-
boat
inside

Idyllische Plätze am Wasser

- Sa legen sie ab 21 Uhr los. Karten kosten zwischen f 15 und f 25 und werden nur am Tag des Konzerts verkauft. Oudeschans 73, Tel. 623 1361.

Kostenlose Jazz-Events

und **klassische Konzerte** finden immer wieder im **Ijsbreker**, Weesperzijde 23, Tel. 668 1805, statt. Auch wenn kein Konzert stattfindet, lohnt sich ein Besuch auf der Caféterrasse an der Amstel.

Sonntags treffen sich Jazzfreunde in der **Bar Du Lac**, Haarlemmerstraat 118, Tel. 624 4265, oder in der **Bar Bourbon Street**, Leidsekruisstraat 6, Tel. 623 3440, in der jeden Abend Live-Gruppen Funk, Rock oder Blues spielen. Täglich 22 - 4 Uhr geöffnet.

Sonstiges

Dixie und Jazz

gibt es an den Wochenenden in der umgebauten Lagerhalle des Joseph Lam's Dixieland Jazz Club in der Van Diemenstraat 242, Tel. 622 8086.

Südamerikanische Bands

locken mit Salsa und Samba in das Canecao Rio, Lange Leidsedwarsstraat 70, originelle Atmosphäre, internationales Publikum (vorwiegend südamerikanischer Herkunft), heiße Rhythmen heizen ordentlich ein. Ab 22 Uhr bis in die Morgenstunden.

Nicht nur die südamerikanischen Klänge ziehen die Besucher in das Iboya, Korte Leidsedwarstraat 29, Tel. 623 7859, sondern auch

Theaterstücke und Kabarettaufführungen.

Das Akhnaton, Nieuwezijds Kolk 25, Tel. 624 3396, bezeichnet sich selbst als **"Zentrum für Kulturen aus aller Welt"** und ist für die heißen Freitagabend-Parties bekannt. Jeden Freitag wird eine andere Musikrichtung gespielt. Ab 23 Uhr geht's los, der Eintritt liegt bei f 10.

Soul und Funk

werden im Meander Café, Voetboogstraat 5, Tel. 625 8430, und in dem In-Café Morlang, Keizersgracht 451, Tel. 625 2681, gespielt. Ein Musiktrip rund um die Welt wird im Keller des Tropenmuseums im Soeterijntheater, Linnaeusstraat 2, Tel. 568 8500, geboten. Außerdem Dritte-Welt-Filme, Theater und Tanz. Eintritt ab f 15.

Sportliche Aktivitäten

Falls die Knochen etwas Abwechslung brauchen, gibt es einige Möglichkeiten, sich sportlich zu betätigen. Genaue Auskünfte erteilt das "city hall information centre", Amstel 1, Tel. 624 1111.
Zum Joggen und Radfahren gehen die Amsterdamer in den Vondelpark, der bei schönem Wetter an den Wochenenden doch reichlich überlaufen ist.

Bungee Jumping

Hinter dem Bahnhof könnt ihr euch von einem Kran aus 75m Höhe in die Tiefe fallen lassen. Der erste Sprung kostet f 100, beim zweiten wird es mit f 75 schon billiger und im 10er-Block kostet es f 400. August - Oktober Mo - Fr 14 - 22 Uhr und am Wochenende von 12 - 22 Uhr. Oostelijke Handelskade 1.

Inline Skating

Leihmöglichkeiten gibt es bei:
"The Old Man", Damstraat 16, Tel. 627 0043; "Vibes", Singel 10, Tel. 622 3962, oder "Rodolfo's Skateshop, Sarphatistraat 59, Tel. 622 5488.

Sauna

Die Art-deco-Sauna ist ein heißer Tip für echte Saunafreunde, denn das Schwitzen macht in einer beeindruckenden Kulisse noch mehr Spaß. Die Einrichtung stammt teilweise aus einem Pariser Kaufhaus der 20er Jahre und die Art-deco-Elemente wie Kacheln, bunte Glasfenster und Schnitzereien werden von Nebelschwaden umhüllt. Hier kann man sich ohne Probleme ein paar Stunden von den strapaziösen Besichtigungen erholen. Mo - Sa 11 - 23 Uhr und So 13 - 18 Uhr. An Wochentagen kostet es vor 14 Uhr f 16,50, ansonsten f 24 (für 5 Stunden). Herengracht 115, Tel. 623 8215.

Das "Oibibio" ist ein New Age Zentrum, in dem verschiedene esoterische Kurse den Geist und die

Sport

Seele entspannen. Teegarten, Buchladen, stilvolles Grand Café mit vegetarischer Kost, und im obersten Stockwerk befindet sich die Sauna. Ein toller, alter Fahrstuhl fährt die Gäste nach oben. Vor 17 Uhr kostet die Sauna f 22, anschließend f 25. Täglich 11 - 24 Uhr geöffnet. Prins Hendrikkade 20-21, Tel. 553 9355.

Tischtennis

Mo - Sa 14.30 - 1.00 Uhr, So 1.00 - 23.00 Uhr, nach 18.00 Uhr am besten reservieren. Keizersgracht 209, Tel. 624 5780.

Schwimmen

Bei gutem Wetter tummeln sich die Menschen im Freibad "Flevoparkbad", das von Mai bis September von 10 - 21 Uhr geöffnet hat. Zeeburgerdijk 630. Das "Zuiderbad" ist ein sehr schönes Hallenbad, das allein schon wegen der Architektur aus der Jahrhundertwende einen Besuch wert ist. Unter der Woche hat es von 7.00 - 22.00 Uhr, Sa 10.30 - 16.00 und So 10.30 - 14.00 Uhr geöffnet hat. An manchen Tagen ist das Bad nur für Vereine geöffnet, deshalb vorher anrufen. Hobbemastraat 26, Tel. 679 2217.

Die Chancen, Geld zu verlieren oder zu gewinnen, stehen 1:1. Probieren kann man es in einem der größten Casinos Europas, dem

Holland Casino, Max Euweplein 62. Täglich 13 - 2 Uhr. Das Mindestalter ist 18 Jahre.

Sport

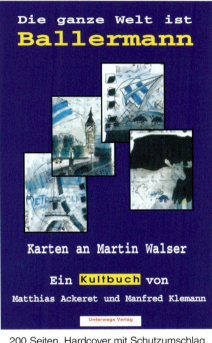

Reisenotizen

Reisenotizen

Reisenotizen

Reisenotizen

Reisenotizen

Reisenotizen

Reisenotizen

Reisenotizen

Reisenotizen

Reisenotizen

Reisenotizen

Reihe: Das große Reisehandbuch mit Landeskunde:

BRITISCH COLUMBIA/ALBERTA von Stefan Blondzik
COSTA RICA von Dieter Jungblut
CUBA von Thomas Wilde
DOMINIKANISCHE REPUBLIK von Thomas Wilde (Hrsg.)
HAWAII von Lori und Wilfried Böhler
KALIFORNIEN mit LAS VEGAS UND GRAND CANYON von Manfred Klemann
KRETA von Ralph Raymond Braun
MEXICO von Thomas Schlegel
NICARAGUA von Dieter Jungblut
NORDSPANIEN UND JAKOBSWEG von Alex Aabe
QUEBEC von Olé Helmhausen
VENEZUELA von Thomas Schlegel

PR-Reihe: Insel- und Szeneführer
(Hochformat mit Farbkarte)

BALI und JAVA (Karin Burger) - mit Geldspartips
BARBADOS (Jürgen Gruler) - mit Geldspartips
CURACAO (Manfred Klemann) - mit Geldspartips
FLORIDA (Monika Knobloch) - mit Geldspartips/Mietautotips
FORMENTERA (Stefan Blondzik) - mit Geldspartips
ISLA MARGARITA (Monika Knobloch) -Surftips/Geldspartips
JAMAICA (Monika Knobloch) - mit Geldspartips/Surftips
SAN ANDRES (Dr. Drove) - mit Geldspartips
St. LUCIA und GRENADA (Monika Knobloch) mit Geldspartips
TOBAGO UND TRINIDAD (Monika Knobloch) mit Geldspartips

Reihe: SzeneFührer mit extra großem Plan

AMSTERDAM MIT PLAN, **COSTA BRAVA/BARCELONA** MIT PLAN, **BERLIN** MIT PLAN, **DRESDEN** MIT PLAN, **LONDON** MIT PLAN   **MALLORCA** MIT PLAN, **NEW YORK** MIT PLAN, **PARIS** MIT PLAN, **PRAG** MIT PLAN, **WIEN** MIT PLAN, **ZÜRICH** MIT PLAN alle jährlich neu

Gesamtverzeichnis anfordern!

Register

Register

Register